Verdi: Don Carlo

Opera en Cinco Actos

Traducción al Español y Comentarios
por E. Enrique Prado

Libreto de
Francois–Joseph Mèry
y Camille du Locle

Jugum Press

Primera edición impresa: Octubre de 2016
ISBN-13: 978-1-939423-51-1

ISBN-10: 1-939423-51-1

Estudio de Compositor Giuseppe Verdi
de Wikimedia Commons – en.wikipedia.org
(en el dominio público en los Estados Unidos y otros países)

Impreso en los Estados Unidos de América
Publicado por Jugum Press
www.jugumpress.com

Edición y diseño:
Annie Pearson, Jugum Press
Consultas y correspondencia:
jugumpress@outlook.com

Índice

Prefacio ℬ Don Carlo

Don Carlo es una de las más grandiosas óperas de Verdi en donde circunstancias personales y políticas interactúan en un poderoso, elevado y extenso drama. Seis interesantes y complicados caracteres están entretejidos en una maraña eclesiástica y de estado donde sus acciones afectan no solo a unos y otros sino también al destino de dos naciones. En ésta obra, Verdi creó su más poderosa y apasionada música.

Don Carlo es una ópera en cinco actos con un libreto escrito por Francois-Joseph Mèry y Camille du Locle que se basaron en la obra teatral de Friedrich Schiller. Su estreno fue en el Teatro de la Opera de Paris el 11 de Marzo de 1867 formando parte de los eventos de La Exposición de Paris.

Don Carlo fue la tercera obra que el Teatro de la Opera de Paris le encargó a Verdi, las otras dos fueron Jerusalén (*I Lombardi*) y *Les Vêpres Siciliennes*.

Don Carlo tiene la riqueza y la claridad del drama lírico francés y alcanza los más altos límites del dramatismo. Consta de cinco actos y esto quedó fuera del gusto de los franceses, por esto no tuvo el éxito esperado por lo que años después, Verdi con la ayuda de Zanardini la redujo a cuatro actos sin embargo ésta obra nunca llegó a tener un gran éxito.

Traducción y comentarios por
E. Enrique Prado Alcalá
Tepoztlán
Mayo 4 de 1999

Sinopsis ℬ Don Carlo

ACTO I

El Bosque de Fontainebleaú, 1560.

Un tratado de paz está a punto de firmarse entre España y Francia; Don Carlos, el Infante de España conoce a Elizabeth de Valois hija de Enrique II, Rey de Francia quedan enamorados y piensan contraer matrimonio. Llega el embajador español y anuncia que Enrique II ha concedido la mano de Elizabeth no al Infante Don Carlos sino a su padre, Felipe II Rey de España.

ACTO II

Escena I

En el Monasterio de San Justo.

Los monjes rezan ante la tumba del Rey Carlos V, ahí se encuentra el infante Don Carlos, liega su amigo Rodrigo Marqués de Posa a quien, le confiesa su amor por la Reina y su infelicidad. Rodrigo le pide que lo acompañe a Flandes, para que participe en la salvación de los oprimidos Flamencos; Carlos acepta pero le pide que antes de partir le lleve un mensaje de despedida a Elizabeth, ahora reina de España. El quisiera verla antes de su partida.

Escena II

Afuera del convento.

Sentadas sobre el césped, debajo de los arboles las damas de la Corte cantan a coro y la Princesa Eboli canta la Canción del Velo. Llega la Reina acompañada por el Marqués de Posa quien distrae a la Princesa Eboli platicándole sobre la última moda en Paris, mientras tanto, la Reina lee la carta que le envió Carlo con Posa. Rodrigo le ruega a la Reina que le conceda una entrevista al Infante. Rodrigo acompaña a la Princesa Eboli hacia otro lugar. Llega Carlo y mientras Elizabeth le habla tiernamente, él cae en una especie de delirio y la abraza. Ella se libera y le recuerda que ahora ella es su madre; Carlo entonces se aleja corriendo desesperado. Se anuncia la llegada del Rey y cuando se dé cuenta de que la Reina no se encuentra debidamente atendida, condena a su dama de compañía al exilio.

Mientras todos se retiran, Felipe llama al marqués de Posa quien denuncia la crueldad del Rey hacia los habitantes de Flandes. Felipe queda impresionado por tanta franqueza, pero le advierte que tenga cuidado del Gran Inquisidor.

El Rey le comenta a Rodrigo, sus sospechas sobre la posible existencia de una relación amorosa entre su hijo Carlo y la Reina y le pide que los vigile.

ACTO III

Escena I

Los jardines de la Reina en Madrid.

Entra Carlo leyendo una carta que piensa viene de parte de Elizabeth.

Llega la Princesa Eboli, quien escribió la carta, Carlo corre hacia ella pensando que es Elizabeth y cuando se descubre el error, la princesa, enamorada de Cario, al no ser aceptada, se torna furiosa y amenaza con vengarse informando al Rey de la relación entre la Reina y su hijastro. Eboli se aleja y llega Rodrigo, Marques de Posa y le pide a Carlo que le entregue cualquier documento incriminador que lleve consigo.

Escena II

La Plaza de Nuestra Señora de Atocha.

Se celebraré un auto de Fe mediante la incineración en la hoguera de algunas víctimas de la Inquisición.

El populacho esté reunido y el acto es interrumpido por un grupo de funcionarios Flamencos que liderados por Carlo imploran mejor trato para Flandes.

El Rey ordena su arresto, Carlo amenaza a su padre con la espada pero Posa interviene y le recoge el arma. La ceremonia continúa y al levantarse las llamas se escucha una voz celestial dando la bienvenida a las almas de los herejes quemados.

ACTO IV

Escena I

El estudio del Rey en Madrid.

Felipe lamenta la falta de amor de la Reina hacia él y la conducta de su hijo Carlo. Llega el Gran Inquisidor. Este le pregunta si es posible que siendo él cristiano puede sacrificar a su propio hijo, el Inquisidor contesta que Dios sacrificó a su propio hijo. El Inquisidor, entonces pide al Rey que le entregue a Posa un hombre con ideas peligrosas para el reino, cuando, el Rey se rehúsa, aquel se torna furioso, entonces el Rey acepta entregar a Posa.

Elizabeth entra de prisa, el cofre con sus joyas ha sido robado, pero Felipe le informa que él lo tiene, se lo entrega y le pide que lo abra, ella se niega, entonces el Rey lo abre y encuentra además de las joyas, un retrato de su hijo Carlo. El Rey la acusa de adulteró, ella lo niega y le recuerda que no olvide que su mano le fue concedida a Carlo antes de convertirse en Reina y que estando enamorada del joven tuvo que contraer matrimonio con el Rey por razones de Estado.

La Princesa Eboli, siente remordimientos y cuando ella y la Reina quedan solas, le confiesa a Elizabeth, que ella fue quien robó el cofre y lo entregó al Rey, esto lo hizo por estar enamorada de Carlo quien la rechazó, además le confiesa que fue amante de Felipe. Con esto la Reina le da a escoger entre el exilio y el claustro. Eboli escoge el velo y promete salvar a Carlo.

Escena II

Una prisión.

Carlos que se encuentra prisionero es visitado por Posa. Las cartas incriminatorias le han sido encontradas y por ello será ejecutado y Carlo será liberado y podrá marchar a Flandes. Posa es asesinado por los oficiales de la Inquisición. Entra Felipe a liberar a su hijo pero Carlo lo rechaza horrorizado. Una multitud enfurecida llamando el Infante, pero ante las órdenes del Gran Inquisidor, caen de rodillas.

ACTO V

El claustro.

Elizabeth ante la tumba de Carlos Quinto recuerda sus felices días en Fontainebleu, Carlos llega para despedirse de ella, está a punto de marchar a Flandes y solo en el otro mundo podrán unirse de nuevo. Felipe, el inquisidor y soldados de la Inquisición llegan para arrestarlo. Las puertas de la tumba de Carlos Quinto se abren y aparece el emperador para llevarse a Carlo hacia el claustro con él.

FIN

Reparto ❧ Don Carlo

DON CARLO, Infante de España — Tenor

ELIZABETH DE VALOIS, hija de Enrique II — Soprano

LA PRINCESA DE EBOLI — Mezzosoprano

FELIPE II, Rey de España — Bajo

CONDE DE LERMA, embajador de España — Tenor

RODRIGO, marques de Posa — Barítono

TEBALDO, paje de Elizabeth — Soprano

EL GRAN INQUISIDOR — Bajo

Libreto ॐ Don Carlo

Acto Primero

El Bosque de Fontainbleau. Es el atardecer. Al fondo se ve el palacio real.

*Los leñadores muy ocupados cortando leña mientras sus esposas sentadas forman
un circulo alrededor de una fogata.Elizabeth de Valois,
hija de Enrique II Rey de Francia, entra a caballo escoltada por su paje Tebaldo
y por un grupo de cazadores. Ella distribuye limosnas entre los leñadores.
Cuando el lugarqueda desierto el infante Don Carlos,
hijo de Felipe II Rey de España, emerge de entre los arboles.*

CAZADORES I
Su cacciator! pronti o la belva ci sfuggirà.

1.   Arriba cazadores o la presa escapará.

CAZADORES II
E noi l'avrem, pria ch'alla selva
notte verrà!

2.   ¡Nosotros la tendremos antes de que
caiga la noche en el bosque! ...

CAZADORES I
...Ci sfuggirà!
Su cacciator! Pronti...

3.   ...¡Escapará!
¡Arriba cazadores! O la presa...

CAZADORES II
E noi i'avrem pria.

4.   Y nosotros la tendremos.

DON CARLO
Fontainbleau!
Foresta immensa e solitaria!
Quai giardin, quai rosai,
qual Eden di splendore
per Don Carlo potrà

5.   ¡Fontainbleau!
¡Floresta inmensa y solitaria!
¡Qué jardines, qué rosas,
cual Edén de esplendor
para Don Carlos podrá

DON CARLO

questo bosco valer,
ove Elisabetta sua sorridenti appari!
Lasciai l'iberia, la Corte lasciai,
di Filippo sfidando il tremendo furore
confuso nel corteo del regio ambasciador;
potei mirar l'alfin,
la bella fidanzata!
Colei che vidi pria
regnar sull'alma mia,
colei, che per l'amor
regnerà sul mio cor!
Io la vidi, al suo sorriso
scintillar mi parve il sole;
come l'alma al paradiso
schiuse a lei la speme, il vol,
Tanta gioia a me prometto
che s'innebria questo cor;
Dio, sorridi al nostro affetto...
benedici un casto amor.
Dio sorridi al nostro affetto...
benedici un casto amor.
Dio, sorridi al nostro affetto...

(continuó)

éste bosque ser,
donde su Elizabeth aparece sonriente!
¡Deja a España, deja la Corte
desafiando de Felipe el tremendo furor,
confuso en el cortejo del regio embajador;
al fin podré mirar,
a mi bella prometida!
¡Ella a quien por primera vez
vi reinar sobre mi alma,
con ella que por amor
reinará en mi corazón!
Yo la vi y ante su sonrisa
me parece cintilar el sol;
como el alma vuela al paraíso
así mis esperanzas vuelan hacia ella.
Tanta alegría me he prometido
que se embriaga éste corazón;
Dios sonríe a nuestro afecto...
y bendice un casto amor.
Dios sonríe a nuestro afecto...
y bendice un casto amor.
Dios sonríe a nuestro afecto...

El escucha los sonidos distantes de los cazadores.

Il suon del corno alfin
nel bosco tace.
Non più dei cacciator eceggiano I clamor.
Cadde il di! Tace ognun!
E la stella primiera
scintilla nel lontan arco del ciel.
Come del regio ostel
rinvenire il cammin?
Questa selva è tanto nera!

El sonido del cuerno al fin calla
en el bosque.
Ya no se oyen los ecos del cazador.
¡El día termina! ¡Todos callan!
Y las primeras estrellas
cintilan en el lejano arco del cielo.
¿Cómo encontraré el camino
del regio castillo?
¡Este bosque es tan negro!

TEBALDO

Olá! Scudieri! Ola! Paggi del Re!

6.   ¡Hola! ¡Escuderos! ¡Hola! ¡Pajes del Rey!

CARLO

Qual voce risuonò nell'oscura foresta?

7.   ¿Qué voz resonó en la obscura foresta?

TEBALDO

Venite, boscaiuoli a me!

8.   ¡Hola, vengan a mi gente del bosque!

Carlo se esconde mientras Elizabeth camina con Tebaldo.

CARLO
Oh, vision gentile, vèr me s'avanza!

9. ¡Oh, bella visión! ¡Ella se acerca!

TEBALDO
Non trovo più la via per ritornar ...

10. No encuentro el camino para regresar...
     A Elizabeth
     Aquí está mi brazo, que te sirva de sostén.
     La noche es obscura, el frío te hace temblar;
     sigamos caminando.

Ecco il mio braccio; sostengo a voi fia.
La notte è buia, il gel vi fa tremar;
andiam ancor.

ELIZABETH
Ah, come stanca sono!

11. ¡Ah, cómo estoy cansada!

Carlos se adelanta y hace una inclinación.

TEBALDO
Ciel! Ma chi sei tu?

12. ¡Cielos! ¿Pero quién eres tú?

CARLO
Io sono uno stranier, uno spagnuol!

     A Elizabeth.
13. ¡Soy un extranjero, español!

ELIZABETH
Di quei del corteo che accompagna
il signore di Lerma, ambasciator di Spagna?

14. ¿Uno de los del cortejo que acompaña
     al señor de Lerma, embajador de España?

CARLO
Si, nobil donna! ...
E scudo a voi sarò.

15. ¡Si, noble dama! ...
     Y seré vuestro escudo.

TEBALDO
Qual piacer! Brillar lontano
laggiù mirai Fontainbleau.
Per ricondurvi al regio ostello
sino al castel io correrò.

16. ¡Qué placer! Mirad, a lo lejos brilla
     Fontainbleau.
     Me apresuro a para arreglar
     tu conducción al castillo.

ELIZABETH
Va, non temer per me;
la regal fidanzata
di Don Carlo son lo; ho fe
nell'onore spagnoli!
Paggio, al castel t'affretta.

17. ¡Ve, por mí no temas;
     la real prometida
     de Don Carlo soy yo; tengo fe
     en el honor español!
     Paje, apresúrate al castillo.
     Señalando a Carlo
     El sabrá defender a la hija de tu Rey.

Ei difender saprà la figlia del tuo Re.

*Tebaida se aleja corriendo, Elizabeth se sienta en una roca
y Carlo se arrodilla ante ella.*

ELIZABETH
Al mio pie! Perchè?

18. ¡A mis pies! ¿Por qué?

Reviviendo una fogata dejada por los leñadores.

CARLO
Alla guerra,
quando il del per tenda abbiam,
sterpi chieder alla terra
per la fiamma noi dobbiam!
Già! Già, la stipa diè la bramata
Scintilla
e la fiamma eco già brilla.
Al campo altor che splende
così vivace e bella
la messaggera elle di vittoria
o d'amor.

19. ¡A la guerra,
cuando tengamos al cielo por tienda,
pediremos a la tierra
que nos dé una flama!
¡Mirad! Los brasas se han encendido
y cintilan
y la flama ya brilla.
Al campo que ya esplende
así vivaz y bella
ella es la mensajera de victoria
o de amor.

ELIZABETH
E lasciaste Madrid?

20. ¿Y dejaste Madrid?

CARLO
Si.

21. Si.

ELIZABETH
Conchiuder questa sera la pace si potrà?

22. ¿Se hará la paz ésta noche?

CARLO
Si, pria del di novel
stipular l'imeneo
col figlio del mio Re,
con Don Carlo si dé.

23. Si, antes del nuevo día
se estipulará el matrimonio
con el hijo de mi Rey,
con Don Carlo será.

ELIZABETH
Ah, favelliam, ah favelliam di lui!
Ah! Terror arcano invade questo core,
esul lontana andrò,
la Francia lascerò
Ma pari al mio vorrei di lui l'amore.

24. ¡Ah, hablemos de él!
¡Ah! Terror secreto invade a éste corazón,
yo me iré muy lejos,
dejaré la Francia...
Pero si quisiera su amor.

CARLO
Carlo vorrà viver al vostro piè,
arde d'amore ; nel vostro core ha fè.

25. Carlo querrá vivir a vuestros pies,
arde de amor, en vuestro corazón tiene fe.

ELIZABETH

Io lascerò la Francia,
e il padre insieme.
Dio lo vuol, partirò;
un'altra patria avrò.
Ne andrò giuliva,
e pìno il cor di speme.

CARLO

E Carlo pur amandovi vivrà;
al vostro piè lo giuro, ei v'amerà.

ELIZABETH

Perchè mi balza il cor?
Ciel! Chi siete mai?

CARLO

Del prence messagger, per voi questo recai.

Le entrega un estuche.

ELIZABETH

Un suo don!

CARLO

V'invio l'immagin sua fedel,
noto vi fia così.

ELIZABETH

Gran Dio! Io lo vedrò!
Non oso apririo, ah!
Ma pur vederlo bramo...

*Abre el estuche y vé un retrato miniatura de Don Carlo
a quien reconoce como el joven que se encuantra ante ella.*

Possente Iddio!

CARLO

Carlo son io... e t'amo!
Si, t'amo!

ELIZABETH

Di qual amor, di quanto ardor
quest'anima è piena!

26. Yo dejaré la Francia,
y también a mi padre.
Dios lo quiere, partiré;
tendré otra patria.
Iré alegre,
y con el corazón lleno de esperanza.

27. Y Carlo, pues amándote vivirá;
a vuestros pies él os amará.

28. ¿Por qué me salta el corazón?
¡Cielos! ¿Quién eres tú?

29. El mensajero del príncipe, os he traído esto.

30. ¡Un regalo de él!

31. Os envía su retrato fiel,
para que lo conozcáis.

32. ¡Gran Dios! ¡Yo lo veré!
¡No me atrevo a abrirlo, ah!
Pero quiero verlo...

¡Dios poderoso!

33. ¡Yo soy Carlo... y te amo!
¡Si, te amo!

34. ¡Con cuánto amor, con cuanto ardor
ésta alma está llena!

ELIZABETH
Al suo destin voler divin
or m'incatena!
Arcan terror m'avea nei cor,
e ancor ne tremo...
Amata io sono amata
io sono gaudio supremo.
Ne sento in cor!

(continuó)
¡A su destino la voluntad divina
ahora me encadena!
Un terror secreto tenía en el corazón
y aun tiemblo...
Soy amada soy amada
alegria suprema.
¡Siento en el corazón!

CARLO
Si, t'amo, t'amo te sola io bramo,
vivrò per te per te morrò!

35. ¡Si, te amo, te amo, y solo contigo quiero
vivir, y por ti, por ti moriré!

ELIZABETH
Se l'amor ci guidò,
se a me t'avvicinò,
il fè perchè ci vuol felici appieno.

36. Si el amor nos guio,
si a mí te acercó,
fue porque quiere
que seamos plenamente felices.

Un cañón es disparado en la lejanía.

Qual rumor!

¡Qué es ese ruido!

CARLO
Il cannone echeggiò.

37. El cañón sonó.

ELIZABETH
Fausto di!
Questo è segnai di festa!

38. ¡Feliz día!
¡Esto es señal de fiesta!

ELIZABETH, CARLO
Si, lode al ciel, la pace è stretta.

39. Si, loas al cielo, la paz se logró.

Las ventanas del castillo de Fontainbleau se encienden.

ELIZABETH
Qual baglior!
E il castel che risplende così.

40. ¡Qué brillo!
Es el castillo que brilla así.

CARLO
Sparta l'orror della foresta
tutto è gioia, splendor.

41. Se desvanece el horror de la floresta
todo es alegría y esplendor.

ELIZABETH
Oh del!

42. ¡Oh cielos!

CARLO
Tutto è delizia, amor!

ELIZABETH
Oh ciel!

CARLO
Il ciel ne vegga alfín.

ELIZABETH
Il ciel ne vegga alfin.

CARLO
Uniti core a cor.

ELIZABETH
Uniti core a cor.

CARLO, ELIZABETH
Nell'imeneo che dio ci appresta...

CARLO
Ah! Non temer, ritorna in te.

ELIZABETH
Se tremo ancor terror non è
rinata son!
A voluttà nuova per me
à l'alma abbandonata.

CARLO
Ah, non temer, ritorna in te,
o dolce mio tesor!
Angel d'amor, leva su me
la tua pupilla amata!

ELIZABETH, CARLO
Rinnovelliam, ebbri d'amor
il giuro che ci univa
lo disse il labbro,
il ciel l'udiva,
lo fece il cor!

ELIZABETH, CARLO
Rinnovelliam, ebbri d'amor...

43. ¡Todo es delicia y amor!

44. ¡Oh, cielos!

45. Que el cielo nos vea al fin.

46. Que el cielo nos vea al fin.

47. Unidos corazón a corazón.

48. Unidos corazón a corazón.

49. En las bodas que Dios nos prepara...

50. ¡Ah! No temas, vuelve en ti.

51. ¡Si aún tiemblo, no es por terror
he renacido!
Un nuevo destino para mi
mi alma, que está abandonada.

52. ¡Ah, no temas, vuelve en ti,
oh dulce tesoro mío!
¡Ángel de amor, eleva hacia mí
tu pupila amada!

53. ¡Renovemos, ebrios de amor
el juramento que nos une
lo dijeron nuestros labios
el cielo lo oyó,
lo hizo el corazón!

54. Renovemos ebrios de amor...

Tebaldo regresa con una litera y pajes con antorchas
El avanza, se arrodilla
y besa la orilla del vestido de Elizabeth.

TEBALDO

Al fedel ch'ora viene, o signora
un messaggio felice a recar
accordate un favor,
di serbarmi con voi
nè mai lasciarvi più.

ELIZABETH

Sia pur!

TEBALDO

Regina, vi saluto,
sposa a Filippo Re.

ELIZABETH

No, no, sonno all'infante
dal padre fidanzata.

TEBALDO

Al monarca spagnuol
v'ha Enrico destinata.
Siete Regina.

ELIZABETH

Ahimè!

CARLOS

[Nel cor, mi corse un gel
L'abisso s'apre a me...
Tu lo soffri, o ciel!]

ELIZABETH

L'ora fatale è suonata!
Contro la sorte spietata
cruda fia meno il pugnar.

CARLO

L'ora fatale è suonata!
M'era la vita beata
cruda, funesta ora m'appar.

55. ¡Al fiel que ahora viene, o señora
un feliz mensaje a traer,
concededle un favor,
conservarme con vos
y nunca os dejaré.

56. ¡Así sea!

57. Reina, te saludo,
esposa del Rey Felipe.

58. No, no, soy del Infante del padre
la prometida.

59. Al monarca español
os ha destinado Enrique.
Sois Reina.

60. ¡Cielos!

Para si.
61. [Un hielo me atraviesa el corazón
El abismo se abre ante mi...
¡Tú lo sufres oh cielo!]

62. ¡La hora fatal ha sonado!
Contra la suerte despiadada
será menos duro pugnar.

63. ¡La hora fatal ha sonado!
Mi vida habla sido bendecida
cruel y funesta ahora me parece.

ELIZABETH

Fia men crudo il pugnar
L'ora fatale è già suonata!
Per sottrarmi a tanta pena,
per fuggir la rea catena,
fin la morte io vò sfidar!

CARLO

Di dolor quest'alma è piena,
ah! dovrò la mía catena,
ah! dovrò in eterno trascinar

64. ¡Seria menos duro pugnar
La hora fatal ha sonado!
¡Para sustraerme a tanta pena,
para escapar de la fea cadena,
hasta la muerte voy a desafiar!

65. ¡De dolor ésta alma está llena,
ah, tendré que arrastrar mi cadena!
¡Voy a tener que arrastrar para siempre!

Un grupo de gente, el embajador español, Conde de Lerma,
La Condesa de Aremberg, damas de compañia de Elizabeth
y pajes que llevan una litera, se aproximan.

CORO

Inni di festa lieti echeggiate,
e salutate íl fleto di.
La pace appresta felici istanti
due cori amanti il cielo uní!
Gloria ed onore alla più bella,
onor a quella che dee domani
assisa in soglio gentil compagna...
al Re di Spagna dar la su man!

ELIZABETH

Tutto sparve!

CARLO

Sorte ingrata!

ELIZABETH

Al dolor son condannata!

CARLO

Spariva il sogno d'or.

ELIZABETH

Svaniva, svaniva, svaniva.

CARLO

Svani, svani, ah! svani dal cor!

ELIZABETH

Dal mio cor ah!

66. Himnos de fiesta, alegres se regocijan,
y saludan al feliz día.
¡La paz apresta felices instantes
y el cielo une a dos corazones amantes!
¡Gloria y honor a la más bella,
honor a ella que mañana
sentada en el trono gentil compañía...
al Rey de España dará su mano!

67. ¡Todo se desvanece!

68. ¡Ingrata suerte!

69. ¡Estoy condenada al dolor!

70. Desaparece el sueño de oro.

71. Se desvanece, se desvanece.

72. ¡Se ha desvanecido de mi corazón!

73. ¡De mi corazón ah!

CORO
Inni di...

74. Himnos de...

ELIZABETH
L'ora fatale è suonata!
Contro la sorte spiatata...

75. ¡La hora fatal ha sonado!
Contra la suerte despiadada...

CARLO
L'ora fatale è suonata!
M'era la vita beata...

76. ¡La hora fatal ha sonado!
Mi vida habla sido bendecida...

CORO
Festa lieti echeggiate......

77. Fiesta alegría...

CARLO
Tutto finì!

78. ¡Todo terminó!

CORO
Inni di.

79. Himnos de.

ELIZABETH
L'ora fatale è suonata!
Contro la sorte spietata...

80. ¡La hora fatal ha sonado!
Contra la suerte despiadada...

CARLO
L'ora fatale è suonata!
M'era la vita beata...
cruda funesta ora mappar.

81. ¡La hora fatal ha sonado!
Mi vida fue bendecida...
cruel y funesta ahora me parece.

CORO
Festa lieti echeggiate...

82. Fiesta alegre...

CARLO
Tutto finì!

83. ¡Todo terminó!

CORO
Inni di...

84. Himnos de...

ELIZABETH
Ahimè!

85. ¡Cielos!

CARLO
Tutto finì!

86. ¡Todo terminó!

ELIZABETH
Ahimè!

87. ¡Cielos!

CARLO

Al più crude!
dolor, nostr'alma è condannata
tanto amor ora fini!

ELIZABETH

Ahimè! Nostr'alma è condannata!
Non troverem mai più
tanto amor, tanto ben.

CORO

Festa, echeggiate
e salutate il lieto di!

CONDE DE LERMA

Il glorioso Re di Francia
il grande Enrico,
al monarca di Spagna
a dell India vuol dar
la mano de Elisabetta sua figlioula.
Questo vincolo sarà
suggello d'amistà.
Ma Filippo lasciarvi
libertade vuol intera;
gradite vol la man del mio Re...
Che la spera?

CORO

Accettate Elisabetta la man
che v'offre il Re.
Pietà, pietà, la pace avrem alfin!

CONDE DE LERMA

Che respondete?

ELIZABETH

Si.

CORO

Vi benedica.

ELIZABETH

E l'angoscia suprema!

88. ¡Al dolor más cruel
he nuestra alma está condenada
tanto amor ahora termina!

89. ¡Cielos! ¡Nuestra alma está condenada!
No encontraremos mas
tanto amor y tanto bien.

90. ¡Fiesta que resuena
y saluda al alegre día!

91. El glorioso Rey de Francia
el gran Enrique,
al monarca de España
y de la India desea otorgar
la mano de Elizabeth su hija.
Este vínculo será
sello de amistad.
Pero Felipe os otorga la
entera libertad;
de aceptar la mano de mi Rey...
¿Qué debe esperar?

92. Acepta Elizabeth la mano
que te ofrece el Rey.
¡Piedad, piedad, al fin tendremos paz!

93. ¿Qué respondéis?

94. Si.

95. Bendita seas.

96. ¡Es la suprema angustia!

CARLO
Mi sento morir!

97. ¡Me siento morir!

ELIZABETH
È la sorte crudel!

98. ¡Es la suerte cruel!

ELIZABETH CARLO
Mi sento morir!

99. ¡Me siento morir!

CORO
Vi benedica
Iddio dal ciel!
La sorte amica vi sia
fedel, vi sia fedel!

100. ¡Que te bendiga
Dios del cielo!
¡La suerte amiga te sea
favorable, te sea favorable!

ELIZABETH, CARLO
È l'angoscia suprema!
Ah, mi sento morir!

101. ¡Es la angustia suprema!
¡Ah, me siento morir!

CORO
Inni di festa, lieti echeggiate,
e salutate il lieto di...

102. Himnos de fiesta, anuncian alegría,
y saludan al alegre día...

CARLO
O dolor!

103. ¡Qué dolor!

ELIZABETH
O martir!

104. ¡O martirio!

CARLO
O dolor!

105. ¡Qué dolor!

ELIZABETH
O dolor!

106. ¡Qué dolor!

CARLO
Non v'ha duo!...

107. ¡No hay duelo!...

ELIZABETH
O martir!

108. ¡O martirio!

CARLO
...Più crude!

109. ...¡Más cruel!

ELIZABETH
O dolor!

110. ¡Qué dolor!

CARLO, ELIZABETH
Nostr'alme condannate
non troveran, no,
mai più, no,
tanto amor!

CORO
Regina Ispana, gloria, onor!
Gloria Regina, gloria onor!

CARLO
Ah si, crudel dolor!

CORO
Gloria Regina!

ELIZABETH
Qual dolor!

CORO
Gloria, onor!

CARLO
Quest'alma è condannata!

CORO
Gloria, Regina!

ELIZABETH
Qual martir!

CORO
Gloria, onor!

CARLO
Non troverem mai più.

CORO
Gloria, onor!

ELIZABETH, CARLO
No, non troverem mai più,
mai più, tanto amor!

CORO
Gloria Regina.

111. ¡Nuestras almas condenadas
no encontrarán, no,
nunca más, no,
tanto amor!

112. ¡Reina Hispana, gloria, honor!
¡Gloria Reina, gloria honor!

113. ¡Ah sí, cruel dolor!

114. ¡Gloria oh Reina!

115. ¡Qué dolor!

116. ¡Gloria y honor!

117. ¡Esta alma está condenada!

118. ¡Gloria oh Reina!

119. ¡Qué martirio!

120. ¡Gloria y honor!

121. Nunca más encontraremos.

122. ¡Gloria y honor!

123. ¡Nono encontraremos nunca más,
nunca más, tanto amor!

124. Gloria, Reina.

El Conde de Lerma acompaña a Elizabeth hasta la litera
y la procesión se mueve hacia el palacio real.

CORO
Gloria, gloria o Regina!
Gloria, gloria, onor!

CARLO
Ahime, ahimè!

CORO
Gloria, onor!
Inni di festa!

CARLO
L'ora fatale è suonata!
L'ora è suonata!
M'era la vita beata
cruda, funesta m'appar.

CORO
Lieti echeggiate.

CARLO
Spari un sogno così bel!
O destin fatal, o destin crude!

125. ¡Gloria, gloria oh Reina!
     ¡Gloria, gloria, honor!

126. ¡Cielos, cielos!

127. ¡Gloria, honor!
     ¡Himnos de fiesta!

128. ¡La hora fatal ha sonado!
     ¡La hora ha llegado!
     Mi vida fue bendecida
     ahora me parece cruda y funesta.

129. Alegre resuena.

130. ¡Así desaparece un bello sueño!
     ¡Oh destino fatal, oh destino cruel!

Acto Segundo

Escena I
El Monasterio de San Justo.
Al fondo, la tumba del Emperador Carlos V.
Es el atardecer. Los monjes cantan en la capilla.

MONJES

Carlo il sommo Imperatore
non è più che muta polve.
Del celeste suo fattore
l'alma altera or trema al pie.

131. Carlos el sumo Emperador
    no es más que polvo silencioso.
    A los pies de su celeste hacedor
    ahora tiembla su alma orgullosa.

UN FRAILE

Ei voleva regnare sul mondo
obbliando Colui che nel del
segna agni astri il cammino fedel.
L'orgoglio immenso fù
fù l'error suo profondo.

132. Él quería reinar sobre el mundo
    olvidando que el en el cielo
    señala a todos los astros el camino fiel.
    Su orgullo fue inmenso
    fue su profundo error.

MONJES

Carlo il sommo Imperator...

133. Carlos el sumo Emperador...

UN FRAILE

Grand'è Dio sol, e s'ei lo vuole
fa tremar la terra ed il del!
Ah! Misericorde Iddio...

134. ¡Grande es dios solo, y si él quiere
    hace temblar la tierra y el cielo!
    ¡Ah! Misericordioso Dios...

MONJES

Carlo il sommo Imperator.

135. Carlos el sumo Emperador.

UN FRAILE

...Pietoso al pecator...

136. ...Compasivo con el pecador...

MONJES

...Non è più che muta polve!

137. ...¡No es más que silencioso polvo!

UN FRAILE
...Conceder tu vorrai...

138. ...Tu guerras conceder...

MONJES
Signor! Signor!

139. ¡Señor! ¡Señor!

UN FRAILE
...Che la pace e il perdon
su lui scendan dal ciel.

140. ...Que la paz y el perdón
desciendan a él del cielo.

MONJES
...Il tuo furor non piombi,
non piombi sul suo cor.
Grand è Dio sol.

141. ...Que tu furor no caiga,
no caiga sobre su corazón.
Grande es Dios solo.

UN FRAILE
Grande è Dio sol.

142. Grande es Dios solo.

TODOS
È grande ei sol.

143. Es grande el solo.

UN FRAILE
È grande ei sol.

144. Es grande el solo.

MONJES
È grande ei sol!

145. ¡Es grande el solo!

Amanece lentamente.
Los monjes se retiran y Don Carlos entra pálido y agitado.

CARLO
Al chiostro di San Giusto
ove finì la vita
l'avo mio Carlo Quinto
stanco di gloria è onor
la pace cerco invan
che tanto ambisce il cor.
Di lei che m'han rapita,
l'immago erra con me
del chiostro nell'orror!

146. Aquí en vi convento de San Justo
donde terminó la vida
mi abuelo Carlos Quinto
cansado de gloria y honor
busco en vano la paz
que ambiciona mi corazón.
¡La imagen de ella, que me fue robada,
me acompaña en éste
claustro del horror!

UN FRAILE
Il duolo delta terra
nel chiostroancor c'insegue
del core sol la guerra
in ciel si calmerà.

147. El duelo de la tierra
en el claustro aún sigue
la guerra del corazón
en el cielo se calmará.

CARLO
La sua voce! It cor mi trema!
mi pareva... Qual terror!
Veder l'Imperator
che nelle lane il serto asconde
e la lorica d'or.
È voce che nel chiostro
appaia ancor!

UN FRAILE
Del core la guerra in del se calmerà.

CARLO
Questa voce! O terror!

Entra Rodrigo.

RODRIGO
È lui desso! L'Infante!

CARLO
O mio Rodrigo!

.RODRIGO
Altezza!

CARLO
Sei tu ch'io stringo al seno?

RODRIGO
O mio prence, signor!

CARLO
È il ciel che a me t'invia nel mio dolor.

RODRIGO
O amato prense!

CARLO
...Angiol, consolator!

RODRIGO
L'ora suonò;
te chiama il popolo flammingo!
Soccorrer tu lo dei;
ti fà suo salvador!

148. ¡Su voz! ¡Me tiembla el corazón!
Me parecía... ¡Qué horror!
Ver al Emperador
que bajo hábito de monje esconde
la corona de oro y el peto.
¡Es voz que en el convento
de nuevo se aparece!

149. La guerra del corazón se calmará en el cielo.

150. ¡Esa voz! ¡Qué terror!

151. ¡Es él! ¡El infante!

152. ¡Oh mi Rodrigo!

153. ¡Alteza!

154. ¿Eres tú a quien aprieto a mi pecho?

155. ¡Oh mi príncipe, señor!

156. Es el cielo que te envía en mi dolor.

157. ¡Oh amado príncipe!

158. ...¡Ángel, consolador!

159. ¡La hora sonó;
te llama el pueblo Flamenco!
¡Tú lo debes socorrer;
te hace su salvador!

RODRIGO
Ma che vid'io!
Quale pallor, qual pena!
Un lampo di dolor
sul ciglio tuo balena!
Muto sei tu!
Sospiril hai tristo il cor!
Carlo mio, con me,
dividi it tuo pianto, il tuo dolor.

CARLO
Mio salvator, mio fratel, mio fedele,
lascia ch'io pianga in seno a te!

RODRIGO
Versami in cor il tuo strazio crudele
l'anima tua non sia chiusa per me.
Parla!

CARLO
Lo vuoi tu?
La mia sventura apprendi,
equal orrendo stral
Il mio car trapassò!
Amo...d'un colpevole amor...Elisabetta!

RODRIGO
Tua madre, giusto ciel!

CARLO
Qual pallor!
Lo sguardo chini al suol!
Tristo me!
Tu stesso, tu stesso
mio Rodrigo t'allontani da me?

RODRIGO
No, Rodrigo ancor t'ama!
Il tel posso giurar.
Tu soffri? Tu soffri?
Già per me l'universa dispar.

CARLO
O mio Rodrigo!

(continuó)
¿Pero qué veo?
¡Cuánta palidez, cuanta pena!
¡Un relámpago de dolor
brilla en tus ojos!
¡Estás silencioso!
¡Suspiras, tienes triste el corazón!
Carlos mío, con migo,
comparte tu llanto y tu dolor.

160. ¡Mi salvador, mi hermano fiel,
deja que llore en tu seno!

161. Vierte en mi corazón tu cruel tormento
que tu alma no esté cerrada para mí.
¡Habla!

162. ¿Lo quieres?
¡Conoce mi desventura;
y qué horrenda saeta
traspasó mi corazón!
¡Yo amo...con amor culpable a Elizabeth!

163. ¡Tu madre, justo cielo!

164. ¡Qué palidez!
¡Baja tus ojos al suelo!
¡Estoy triste!
¿Tú mismo, tú mismo
Rodrigo, te alejas de mí?

165. ¡No, Rodrigo aun te ama!
Él te lo puede jurar.
¿Sufres tú? ¿Sufres tú?
Ya para mí el universo desaparece.

166. ¡Oh Rodrigo!

RODRIGO
Mio prense!
Questo arcano dal Re
non fu sorpreso ancora?

CARLO
No.

RODRIGO
Ottien dunque da lui
di partir per la Fiandra.
Taccia il tuo cor;
degna di te apra farai,
apprendi ornai in mezzo
a gente oppressa, a divenir un Re!

CARLO
Ti seguirti fratello.

RODRIGO
Ascolta!
Le porte dell'asil s'apron già;
qui verranno Filippo e la Regina.

CARLO
Elisabetta!

RODRIGO
Rinfranca accanto a me
le spirto che vacilla,
serena ancora, la stella
tua nei cieli brilla.
Domanda al del dei forti la virtu!

CARLO Y RODRIGO
Dio, che nell'alma infondere
amor volesti e speme,
desio nel cor accender nel cor
tu dei di libertà.
desio accendere, accendere nel cor
tu dei di libertà.
Giuriamo insiem di vivere
e di morire insieme.

167. ¡Príncipe mío!
 ¿Éste secreto aun
 no lo conoce el Rey?

168. No.

169. Entonces obtén de él
 el permiso de partir para Flandes.
 ¡Acalla tu corazón;
 será una obra digna de ti,
 aprende ahora en medio
 de gente oprimida a convertirte en Rey!

170. Te seguiré hermano.

Suena una campana.

171. ¡Escucha!
 Las puertas del santuario se abren ya;
 aquí vendrán Felipe y la Reina.

172. ¡Elizabeth!

173. A mi lado se fortalece
 tu espíritu vacilante,
 de nuevo brillará
 tu estrella en el cielo.
 ¡Pide al cielo la virtud de los fuertes!

174. Dios que en alma vierte
 amor y esperanza,
 hace crecer en el corazón
 el deseo de libertad.
 Crece, crece en el corazón
 tu deseo de libertad.
 Juramos vivir juntos
 y morir juntos.

RODRIGO

In terra, in ciel.

175. En la tierra, en el, cielo.

AMBOS

Congiungere si può,
ci può fatua bontà.
Ah! Dio che nell'alma.

176. Se puede unir,
se puede, tu bondad.
Ah! Dios que en el alma.

RODRIGO

Vengon già.

177. Ya vienen.

CARLO

Oh terror!
Al sol vederla io tremo.

178. ¡Oh terror!
Tiemblo solo de verla.

RODRIGO

Coraggio!

179. ¡Valor!

*Entra Felipe con su Reina y se arrodilla momenténemante
ante la tumba de Carlos V, luego continua caminando.
Los cantos de los monjes se escuchan adentro.*

MONJES

Carlo il summo Imperatore...

180. Carlos, el sumo Emperador...

CARLO

Ei la fè sua!

181. ¡El fa hizo suya!

MONJES

...Non è più che muta polve.

182. ...Nos mas que polvo silencioso.

CARLO

Io l'ho perduta!

183. ¡Yo la he perdido!

MONJES

Del celeste suo fattore...

184. De su celeste hacedor...

CARLO

Io l'ho perduta, io l'ho perduta!

185. ¡Yo la he perdido, yo la he perdido!

UN FRAILE

Ah, la pace, il perdon...

186. Ah, la paz, el perdón...

RODRIGO

Vien, presso a me,
presso a me il tuo cor più forte,
più forte avrai!

187. ¡Ven cerca de mí,
cerca de mí, tu corazón será
más fuerte!

CARLO
Ei sua la fè, io l'ho perfduta,
ei sua la fè!

188. ¡El hizo suya, yo la he perdido,
él la hizo suya!

CARLO, RODRIGO
Vivremo insiem e morremo insiem!
Sarà l'estremo anelito
sarà, sarà un grido, un grido.
Libertà!
Vivremo insiem, morremo insiem!
Grido estremo sarà:
Libertà!

189. ¡Viviremos y moriremos juntos!
Nuestro último aliento será
será un grito, un grito.
¡Libertad!
¡Viviremos y moriremos juntos!
El último grito será:
¡Libertad!

Escena II
*Un jardín ante las puertas del Convento de San Justo.
Algunas damas de la corte están sentadas alrededor
de una fuente mientras un paje toca la mandolina.*

DAMAS
Sotto ai folti, immensi abeti
che fan d'ombre e di quieti
mite schermo al sacro ostel,
ripariamo e a noi ristori
dien I rezzi al vivi arori
che su noi dardegia il ciel.

190. Debajo del follaje del inmenso abeto
que da sombra y quietud
como pantalla al sacro santuario,
nos protegemos y nos aliviamos
del vivo calor
que el cielo nos envía.

TEBALDO
Di mille fior si copre il suolo,
dei pini s'ode il susurrar,
e sotto l'ombra
aprir il vuol quil'usignuol
più lieto par.

191. De mil flores se cubre el suelo,
se oye el susurrar de los pinos
y debajo de la sombra
y alegremente el ruiseñor quiere
iniciar su vuelo.

TEBALDO Y DAMAS
Bello è udire in fra le plante
mormorar la fonte amante
stilla a stilla I suoi dolor!
E se il sole è più cocente
le ore far dei di men lente
in fra t'ombra e in mezzo al flor...

192. ¡Es bello oír entre las plantas
murmurar la fuente amante
que gota a gota deja caer su dolor!
Y si el sol está caliente
las horas del día se hacen menos lentas
entre las sombras y enmedio de las flores...

EBOLI
Tra queste mura
pie la Regina
di Spagna può sola penetrar.
Volete voi mie compagne
già che le stelle in ciel
spuntate ancor non son,
cantar qualche canzon?

DAMAS
Seguir vogliam il tuo capriccio
o principessa
attente udrem.

EBOLI
A me recate la mandolina
e cantiam tutte insiem,
cantiam la canzon saracina
quella el Velo,
propizia all'amor.
Cantíam!

DAMAS
Cantiam!

EBOLI
Nei giardin del bello
saracin ostello
all'olezo al rezzo
degli alor dei flor
una bell'almea
tutta chiusa in vel,
contemplar parea
una stella in ciel.
Mohammed, Re moro
al giardin se'n va
dice a lei "T'adoro,
o gentil beltà!
Vien a sè t'invita
per regnare il Re
la Regina ambita
non è più da me"
Ah, ah, ah!

193. Dentro de éstos sagrados
muros la Reina
de España puede sola penetrar.
¿Si quiere mi compañía,
ya que las estrellas en el cielo
aún no han aparecido,
le cantaré alguna canción?

194. Queremos seguir tu capricho
oh Princesa
escucharemos atentamente.

195. Traedme la mandolina
y cantemos todos juntos,
cantemos la canción sarracena
aquella del velo
que propicia el amor.
¡Cantemos!

196. ¡Cantemos!

Canción del Velo
197. En el jardín del bello
palacio sarraceno
entre las esencias
y las fragancias de las flores
una bella odalisca
toda envuelta en velos
parecía contemplar
una estrella en el cielo.
¡Mohammed, el Rey moro
va al jardín
y le dice a ella "Te adoro,
oh gentil beldad!
Ven, a ti te invita
el Rey a reinar con él
ya que no desea más
a la Reina"
¡Ah, ah, ah!

EBOLI Y TEBALDO

Ah! Tessete I veli
vaglie donzelle
menyre è nei cieli
l'astro maggior
chè sono I veli
al brillar delle stelle
più cari all'amor.

DAMAS

Tessete I veli...

EBOLI

"Ma discerno appena,
(chiaro il ciel non è),
I capelli belli
la man breve, il pie.
Deh! Solleva il velo
che t'asconde a me;
esser come il cielo
senza vel tu dè?
Se il tuo cor vorrai
a me dare in don
il mío trono avrai,
chè sovrano io son."
"Tu lo vuoi? T'inchina
appagar ti vo."
"Allah! La Regina!"
Mohammed sciamò.
Ah, ah, ah!

EBOLI Y DAMAS

Ah, tessete I veli...

Llega Elizabeth procedente del monasterio.

DAMAS

La Regina!

EBOLI

[Un'arcana mestizia
sul suo core pesa ognora.]

198. ¡Ah! Tejan los velos
bellas doncellas
mientras en los cielos
el astro mayor
y el brillo de las estrellas
son los velos más queridos
del amor.

199. Tejan los velos...

200. "Pero apenas puedo discernir
(claro el cielo no está),
tus bellos cabellos
y tu pequeña mano y tu breve pie.
¡Hey! ¡Levanta el velo
que te esconde de mí;
debes ser como el cielo
sin cubrirte con velos?
Si tu quisieras tu corazón
a mi darme como regalo
tendrías mi trono
ya que yo soy el soberano."
"¿Tu lo quieres? Inclínate
quiero complacerte."
"¡Alá! ¡La Reina!"
Mohammed exclamó.
¡Ah, ah, ah!

201. Ah tejan los velos...

202. ¡La Reina!

Para si.
203. [Una secreta tristeza
pesa sobre su corazón.]

ELIZABETH

Una canzon qui lieta risuonò.
[Ahimè! Spariron i di
che lieto era il mio cor.]

204. Aquí resonó una alegre canción.
[¡Cielos! Desparecieron los días
en que alegre era mi corazón.]

Entra Rodrigo.

TEBALDO

Il marchese di Posa, Grande di Spagna.

205. El marqués de Posa, un grande de España.

RODRIGO

Signora!
Per vostra Maestà
l'augusta madre un foglio
mi confidò in Parigi.

206. ¡Señora!
Para su Majestad
su augusta madre me
confió en Paris.

Le entrega la carta y al mismo tiempo desliza una nota en su mano.

[Leggete, in nome della grazia eterna.]

[Leedla en nombre de la gracia eterna.]

A las damas.

Ecco il regal suggel,
I fiordalisi d'or.

He aquí el sello real,
la Flor de Lis de oro.

El se aproxima a la Princesa Eboli para conversar.

EBOLI

Che mai si fa nel suol francese
così gentil, così cortese?

207. ¿Qué se hace en el suelo francés
tan gentil y tan cortés?

RODRIGO

D'un gran torneo si parla già,
e del torneo il Re sarà.

208. De un gran torneo ya se habla
y al torneo asistirá el Rey.

ELIZABETH

[Ah! Non ardisco aprirlo ancor
se il fo tradisco del Rè l'onor.
Ah! Perchè tremo?
Quest'alma è pura è pura ancora,
Dio mi legge in cor.

209. [¡Ah! No me atrevo a abrirlo aun
si lo hago traiciono el, honor del Rey.
¡Ah! ¿Por qué tiemblo?
Esta alma es pura, aun es pura.
Dios puede leerlo en mi corazón.

Leyendo la nota.

"Per la memoria che ci lega
in nome d'un pasato a me caro
v'affidate a costui ven prego"]...

"Por los recuerdos que nos unen
en nombre de un pasado querido
confía en éste hombre, te lo ruego"]...

EBOLI
Son le Francesi gentili tanto
e di eleganza, di grazia han vanto.
E mai ver ch'alle feste regali
le Francesi hannotali beltà
che solo in ciel trovan rivali?
Dite è ver?
Nei balli a Corte per nostri manti
la seta è l'or sono eleganti?

RODRIGO
In voi brillar sol si vedrà
la grazia insieme alla beltà.
La più bella mancar lor potrà.
Tutto stà ben!

ELIZABETH
...Carlo...

RODRIGO
...Allor che s'ha
la vostra grazia è la beltà.

ELIZABETH
Grata io son.
Un favor chiedete alla Regina.

RODRIGO
Accetto, e non per me.

ELIZABETH
[Io mi sostengo appena.]

EBOLI
Chi più degno di voi
può sue brame veder appagate?

ELIZABETH
[Oh terror.]

EBOLI
Ditelo chi?

ELIZABETH
Chi mai?

A Rodrigo.
210. Son las francesas tan gentiles
y notables por su elegancia y su gracia.
¿Es verdad que en las fiestas reales
las francesas tienen Cantan belleza,
que solo en el cielo encuentran rivales?
¿Decid, es verdad?
¿En los bailes de la Corte nuestras capas
de seda y oro son elegantes?

A Eboli.
211. En vos solo se verá brillar
la gracia junto a la belleza.
La más bella podrá faltar.
¡Todo está bien!

Aun leyendo.
212. ...Carlo...

213. ...Cuando uno tiene
vuestra gracia y belleza.

214. Estoy agradecida.
Pídele un favor a la Reina.

215. Acepto y no por mí.

216. [Apenas me sostengo.]

217. ¿Quién más digno que vos
puede su deseo ver satisfecho?

218. [Qué terror.]

219. ¿Dime quién?

220. ¿Quién más puede ser?

RODRIGO

Carlo che e'sol il nostro amore
vive nel duol su questo suol,
e nessun sa quanto dolore
del suo bel cor fa vizzo il fior.
In voi la speme è di chi geme
S'abbia la pace ed il vigor
dato gli sia che vi riveda
se tornerà, se tornerà, salvo sarà.

EBOLI

[Un di che presso
a sua madre mi stava,
vidi Carlo tremar...
Amor avria, avria per me?]

ELIZABETH

[La doglia in me s'aggrave...
rivederlo è morir...]

EBOLI

Perchè io cela a me?

ELIZABETH

[E morir!]

RODRIGO

Ah! Carlo del Rè suo genitore
rinchiuso il cor ognor trovò
eppur non so chi dell'amore
saria più degno, ah! Inver nol so.
Un sol, un solo detto d'amore
sparir il duolo farà dal cor;
dato gli sia che vi riveda
se tornerà, salvo sarà.

ELIZABETH

[Ahimè! Io me sostengo appena!]

EBOLI

Amor avria, amor avria, avria per me?

RODRIGO

Dato gli sia che vi riveda...

221. Carlos, que tiene nuestro amor
vive su duelo en ésta tierra,
y nadie sabe cuánto dolor
en su corazón ha visto la flor.
En vos la esperanza es de quien gime
Dejadle que encuentre la paz y el vigor;
concededle que os vea otra vez;
y si regresa se habrá salvado.

222. [Un día que estaba cerca
de su madre,
vi temblar a Carlo...
¿Tendría amor, tendría amor por mí?]

223. [El dolor en mí se agrava...
volver a verlo es morir...]

224. ¿Por qué me lo oculta?

225. [¡Y morir!]

A Elizabeth.
226. ¡Ah! ¡Carlos siempre ha encontrado
cerca de él el corazón de su padre,
el Rey y ahora yo no sé quién lo merece
más ah! en verdad no lo sé.
Una sola, una sola palabra tuya de amor
hará desaparecer el duelo de su corazón;
permite que te vea e nuevo
si regresa, se salvará.

227. [¡Cielos! ¡Apenas me sostengo!]

228. ¿Tendrá amor, tendrá amor para mí?

229. Permite que te vea...

ELIZABETH

[Gran Dio! Rivederlo e morir!]

230. [¡Gran Dios! ¡Verlo de nuevo y morir!]

EBOLI

Perchè lo cela, perchè celarlo a me?

231. ¿Por qué lo esconde de mí?

RODRIGO

...Se tornerà, salvo sarà,
se tornerà Carlo fia salvo.

232. ...Si regresa, se salvará,
si regresa Carlo, se salvará.

ELIZABETH

Va, pronta io son
il figlio a riveder.

A Tebaida.

233. Ve, estoy lista
para volver a ver a mi hijo.

EBOLI

[Oserà mai, oserà mai? Potesse aprirmi
aprirmi il cor?

234. ¿Se atreverá él? ¿Se atreverá
a abrirme su corazón?

Llega Carlo.
Rodrigo y los demás se retiran discretamente.
Dejando solos a Elizabeth y Carlo.

CARLO

Io vengoa domandar
grazia alla mia Regina
quella che in cor el Re,
tiene il posto primiero
sola potrà ottener
questa grazia per me.
Quest'aura m'è fatale,
m'oprime, mi tortura,
come il pensier d'una sventura
Ch'io partal n'è mestier!
Andar mi faccia il Re nelle Fiandre.

235. Yo vengo a pedir
gracia a mi Reina
aquella que en el corazón del Rey,
tiene el primer puesto
y solo ella podrá obtener
ésta gracia para mí.
Este ambiente de la corte me es fatal,
me oprime y me tortura,
como el pensamiento de una desgracia
¡Es necesario que yo parta!
Que el Rey me envié a Flandes.

ELIZABETH

Mio figlio!

236. ¡Hijo mío!

CARLO

Tal nome no;
ma quel d'altra volta
Infelice! pui non reggo! Pietà!
Soffersi tanto! Pietà!
Il ciel avaro un giorno sol mi diè,
poi rapillo a me!

237. ¡No me llames así;
sino como lo hadas antes!
¡Soy tan Infeliz! ¡No soporto más! ¡Piedad!
¡He sufrido tanto! ¡Ten piedad!
¡El cielo avaro, solo me dio un día,
después me lo quitó!

ELIZABETH

Prence, se vuol Filippo udire la mia preghiera,
per la Fiandra da lui rimessa in vostra man,
ben voi potrete, partir doman.

CARLO

Ciel! Non un sol, un sol detto,
pel meschino ch'esul s'en va!
Ah! Perchè mai parlar non sento
nel vostro cor la pietà?
Ahimè! Quest'alma è oppressa
ho in core un gel...
Insani! Piansi, pregai nel mio delirio
mi volsi a un gelido marmo d'ave!

ELIZABETH

Perchè accusar il car d'indifferenza?
Capir dovreste questo nobil silenzio.
Il dover, come un raggio
al guardo mio brillò;
guidata da quel raggio io moverò.
La speme pongo in Dio,
nell'innocenza!

CARLO

Perduto ben mio sol tesos
Ah, tu splendor di mia vita!
Udir almen ti poss'ancor.
Quest'alma ai detti tuoi
schiuder si vede il ciel!

ELIZABETH

Clemente Iddio, così bel cor,
acqueti il suo duol nell'obblio,
o Carlo, addio; Su questo suol
vivendo accanto a te
mi crederei nel del!

CARLO

O prodigio! Il mio cor
s'affida, si consola;
il sovvenir del dolor s'invola,
il del pietà senti di tanto duol.

238. Príncipe, si Felipe quiere oir mi ruego,
Te entregará Flandes en tus manos,
y podrás partir mañana.

239. ¡Cielos! ¡Ni una palabra, ni una
para el pequeño que se va al exilio!
¡Ah! ¿Por qué no escucho
de tu corazón la piedad?
¡Cielos! Esta alma está oprimida
tengo hielo en el corazón...
¡Insana! ¡Lloré y rogué en mi delirio
y acudí a un gélido mármol!

240. ¿Por qué acusas a mi corazón de indiferencia?
Debes entender mi silencio.
El deber como un rayo
brilló ante mi mirada;
y guiada por ese rayo me moverá.
¡Pongo la esperanza en Dios
y en mi inocencia!

241. Amor perdido, mi único tesoro.
¡Ah, tu eres el esplendor de mi vida!
Al menos puedo oírte otra vez.
¡Ante tus palabras, ésta alma
ve abrirse el cielo!

242. ¡Dios clemente calma su
duelo con el olvido,
oh Carlo, adiós; viviendo a tu lado
en éste suelo,
me creará en el cielo!

243. ¡Oh milagro! Mi corazón
se confiase consola;
el recuerdo del dolor se aleja,
el cielo siente piedad de tanto dolor.

El se colapsa.

CARLO
Elisabetta, al tuo piè morir io vo' d'amor.

(*continuó*)
Elizabeth quiero morir de amor a tus pies.

ELIZABETH
Giusto ciel, la vita già manca
nell'occhio suoche or sl spegne
Bontà celeste, deh! Tu rinfranca
quel nobil core che si penò.
Ahime! Il dolor l'uccide...
Tra queste braccia io lo vedrò
morir d'affano, morir d'amore
colui che il ciel mi destinò!

244. Justo cielo, la vida se escapa
de sus apagados ojos.
Celeste bondad, restaura
a ese noble corazón que sufre.
¡Cielos! El dolor lo mata...
¡Entre mis brazos lo veré
morir de pena, morir de amor
con aquel que el cielo me destino!

CARLO
Qual voce a me dal ciel
scende a parlar d'amor?
Elisabetta! Tu, bell'adorata...

245. ¿Una voz desciende del cielo
para hablar de amor?
¡Elizabeth! Tú, bella, adorada...

ELIZABETH
O delirio, o terror!

246. ¡Está delirando, qué horror!

CARLO
...Assisa acanto a me
come ti vidi un di!
Ah, il ciel s'iluminò,
la selva rifiori!

247. ...¡Sentada a mi lado
como un día te vi!
¡Ah, el cielo se iluminó,
el bosque florece!

ELIZABETH
Egli muore!
O ciel, ei muore!

248. ¡El muere!
¡O cielo, él se muere!

CARLO
O mio tesor! Sei tu...

249. ¡Oh tesoro mío! Eres tú...

ELIZABETH
Gran Dio!

250. ¡Gran Dios!

CARLO
...Mio dolce amor! Sei tu!

251. ...¡Mi dulce amor! ¡Eres tú!

ELIZABETH
Giusto ciel!

252. ¡Santo cielo!

CARLO
...Bell adorata,
bell'adorata, sei tu, sei tu!

ELIZABETH
Ah! Giusto cielo, giusto cielo!

CARLO
Alla mia tomba, al sonno dell'avel
sottrarmi perchè vuol, spiretato ciel!

ELIZABETH
O Carlo, o Carlo!

CARLO
Sotto al mío pie si dischiude la terra
il capo mio sia dal fulmin colpito.
Io t'amo, io t'amo, io t'amo, Elisabetta.
il mondo è a me sparito, sparito a me!

ELIZABETH
Compi l'opra, a svenar corri il padre
ed allor del sue sangue macchiato,
all'altar puoi menare la madre.
Va, va, va, svena tuo padre!

CARLO
Ah! Maledetto io soffi!

Carlo deseperado sale corriendo.

ELIZABETH
Ah, Iddio su noi veglio!
Signor, Signor!

Llegan Tebaldo, Felipe, Rodrigo Eboli y otros.

TEBALDO
Il Re!

FELIPE
Perchè sola è la Regina?
Non una dama almeno presso
di voi serbate?
Nota non v'è la legge mia regal?
Quale dama d'onor esser dovea con voi?

253. ...¡Bella adorada,
bella adorada, eres tú, eres tú!

254. ¡Ah! ¡Santo cielo, santo cielo!

255. ¡A mi tumba, al sueño del sepulcro
quieres lanzarme, cielo despiadado!

256. ¡Oh Carlo, oh Carlo!

257. Bajo mis pies se abre la tierra
y un rayo me golpea la cabeza.
Yo te amo, yo te amo, Elizabeth.
¡El mundo ha desparecido para mí!

258. Completa tu obra, corre a matar a tu padre
y luego manchado con su sangre,
puedes llevar a tu madre al altar.
¡Ve, ve, ve a matar a tu padre!

259. ¡Ah! ¡Estoy maldito!

Cae de rodillas.
260. ¡Ah, Dios nos está viendo!
¡Señor, Señor!

261. ¡El Rey!

A Elizabeth.
262. ¿Por qué está sola la Reina?
¿Ni una dama de compañía está
cerca de ti?
¿No conoces mi decreto real?
¿Cuál dama de honor deberla estar contigo?

Entra la Condesa de Aremberg.

Contessa, al nuovo di
in Francia tornerete.

Condesa con el nuevo día
regresareis a Francia.

La Condesa comienza a llorar.

CORO
Alla Regina egli offende!

263. ¡El ofende a la Reina!

ELIZABETH
Non pianger mia compagna,
non pianger, no,
lenisci il tuo dolor.
Bandita sei di Spagna,
ma non da questo cor.
Con te del viver mio
fu lieta l'alba ancor;
ritorna al suol natio,
ti seguirà il mio cor.
Ah, ti seguirà, ti seguirà il mio cor!

A la Condesa.
264. No llores acompañante mía,
no llores, no,
calma tu dolor.
Tú saliste de España,
pero no de mi corazón.
Contigo el principio de mi vida
fue alegre de nuevo;
regresa a tu tierra natal,
te seguirá mi corazón.
¡Ah, te seguirá, te seguirá mi corazón!

Le dé un anillo a la Condesa.

Ricevi estremo pegno, un pegno
di tutto il mio favor;
cela l'oltraggio indegno
onde arrossisco ancor.
Non dir del pianto mio
del crudo mio dolor
ritorna al suol natio...

Recibe esta prenda, una prenda
con todo mi afecto;
y anula el indigno ultraje
que me hace enrojecer.
No hables de mi llanto
de mi dolor tan grande
regresa a tu tierra natal...

RODRIGO, DAMAS, CABALLEROS
Spirto gentil e pio
acqueta il tuo dolor.
Spirto gentil...

265. Espíritu gentil y bondadoso
calma tu dolor.
Espíritu gentil...

FELIPE
[Come al cospetto
mio intinge un nobil cor.]

266. [Como en mi presencia
se deshace un corazón noble.]

ELIZABETH
Ritorna al suol natio, al suoi natio
Coi voti dal cor, del mio cor...

267. Regresa a tu tierra natal
con los mejores votos de mi corazón...

*Elizabeth llorosa despide a la Condesa
y se retira sostenida por la Princesa Eboli.*

FELIPE
Restate!
Al mio regal cospetto
perchè d'esser ammeso
vol non chiedeste ancor?
Io so ricompensar,
tutti I miei difensor;
voi serviste, io so,
fido a la mia corona.

RODRIGO
Sperar che mi potrei
dal favore dei Re?
Sire, pago son io, la legge è scudo a me.

FELIPE
Amo uno spirto altier.
L'audacia perdono, non sempre!
Voi lasciaste il mestier della guerra
un uomo come voi,
soldato d'alta stirpe,
inerte può restar?

RODRIGO
Ove alta Spagna una spada bisogni
una vindice man, un custode all'onor
bentosto brillerà la mia di sangue intrisa!

FELIPE
Ben, lo so...
Ma per voi che far poss'io?

RODRIGO
Nulla! No, nulla per me!
Ma per altri...

FELIPE
Che voi dire? Per altri?

RODRIGO
Io parierò, Sire, se grave non v'è!

FELIPE
Favella!

A Rodrigo.
268. ¡Quédate!
¿Ante mi real presencia
por qué no has pedido
ser admitido?
Yo sé recompensar,
a todos mis defensores,
tú me serviste, lo sé,
fiel a mi corona.

269. ¿Qué más podría esperar
de los favores del Rey?
Señor, he sido pagado, la ley es mi escudo.

270. Amo al espíritu orgulloso.
¡No siempre perdono la audacia!
¿Tú dejaste el deber de la guerra,
un hombre como tú,
soldado de alta estirpe,
pudo quedarse inerte?

271. ¡Si, España necesita una espada
una mano vengadora, un custodio del honor
rápidamente brillará la mía tinta en sangre!

272. Si, lo sé...
¿Pero por ti, que puedo hacer?

273. ¡Nada! ¡No, nada por mí!
Pero por otros...

274. ¿Qué dices? ¿Por otros?

275. ¡Yo hablaré, Señor, si no te molesta!

276. ¡Habla!

RODRIGO

O Signor, di Fiandra arrivo,
quel paese un di si bel;
d'ogni luce or fatto privo
ispira orror, par muto avel!
L'orfanel che non ha loco
per le vie piangendo va;
tutto struggon ferro e foco,
bandita è la pietà!
La riviera che rosseggia
scorrer sangue al guardo par
della madre il grido echeggia
pel figliuoli che spirar.
Ah! Sia benedetto Iddio,
che narrar lascia a me
questa crudia agonia,
perchè sia nota al Re.

FELIPE

Col sangue sol potei
la pace aver del mondo
it brando mio calcò
l'orgoglio ai novator
che illudono le genti
con sogni mentitor!
La morte in questa man
ha un avvenir fecondo.

RODRIGO

Che?
Voi pensate, seminando morte
piantar per gli anni eterni?

FELIPE

Volgi un guardò alle Spagne!
L'artigian cittadin,
la plege alle campagne
a Dio fedel e al Re
un lamento non ha!
La pace istessa io dono
alle mie Fiandre!

277. ¡Oh Señor, he arribarlo de Flandes,
     ese país un día tan bello;
     ahora privado de toda luz
     inspira horror, parece una muda tumba!
     ¡Los huérfanos sin hogar
     por las calles llorando van;
     hierro y fuego, destruyen todo,
     la piedad se ha desvanecido!
     Por las aguas dedos ríos
     parece al verlas, que corre sangre
     se escuchan los gritos de las madres
     por sus hijos que murieron.
     ¡Ah! Bendito sea Dios,
     que me deja narrar
     ésta cruel agonía,
     para que la conozca el Rey.

278. ¡Solo con sangre podré
     tener la paz en el mundo
     mi espada ha levantado
     el orgullo ahí innovador
     que ilusiona a la gente
     con sueños y mentiras!
     La muerte en mis manos
     tiene un futuro fecundo.

279. ¿Qué?
     ¿Tú piensas que sembrando muerte
     vas a durar por los años eternos?

280. ¡Échale una mirada a España!
     ¡Los artesanos citadinos,
     la plebe en los campos
     fieles a Dios y al Rey
     no tienen ni una queja!
     ¡La misma paz le doy
     a mi Flandes!

RODRIGO

Orrenda, orrenda pace!
La pace è dei sepolcri!
O Re!
Non abbia mai
di voi l'istoria a dir:
Ei fu Neron!
Quest'è la pace che voi date al mondo?
Desta tal don terror,
orror profondo!
È un carnefice il prete,
un bandito ogni armier!
Il popol geme e si spegne tacendo
è il vostro imper deserto,
immenso, orrendo
s'ode ognun a Filippo
maledir, si, maledir!
Come un Dio redentor
l'orbe inter rinnovate,
v'ergete a vol sublime,
sovra d'ogn altro Re!
Per voi si allieti il mondo!
Date la libertà!

FELIPE

Oh strano sognator!
Tu muterai pensier
se il cor dell'uom conoscerai,
qual Filipo il conosce.
Or non più!
Ha nulla Inteso il Re, non temer,
ma ti guarda dal Grande Inquisitor!

RODRIGO

Che? Sire!

FELIPE

Tu resti in mia regal presenza
e nulla ancora hai domandato al Re?
Io voglio avertia me daccanto!

RODRIGO

Sire! No!
Quel chi'io son restar io vò!

281. ¡Horrenda, horrenda paz!
¡Es la paz de los sepulcros!
¡Oh Rey!
La historia no tendrá
más que decir de vos:
¡Él fue Nerón!
¿Esta es la paz que vos dais al mundo?
Tal regalo despierta el terror
y el horror profundo.
¡El sacerdote es un verdugo,
cada soldado es un bandido!
¡El pueblo gime y se muere callando
tu imperio es un gran
desierto, horrendo
por todas partes se oye
maldecir a Felipe!
¡Como un Dios redentor
renueva el orbe entero,
elévate a alturas sublimes,
por encima de cualquier otro Rey!
¡Que por ti se alegre el mundo!
¡Concédeles libertad!

282. ¡Oh extraño soñador!
Tu cambiarias de pensamiento
si conocieras el corazón del hombre,
como lo conoce Felipe.
¡No más por ahora!
¡El Rey no ha escuchado nada, no temas,
pero cuídate del Gran Inquisidor!

283. ¿Qué? ¡Señor!

284. ¿Tú permaneces en mi real presencia
y aun no has pedido nada al Rey?
¡Yo quiero tenerte a mi lado!

285. ¡No! ¡Señor!
¡Quiero permanecer como soy!

FELIPE

Sei troppo altier!
Osò lo sguardo tuo penetrar il mio soglio.
Del capo mio che grava la corona,
l'angoscia apprendi e il duol!
Guarda or tu la mia reggia!
L'affanno la circonda,
sgraziato genitor!
Sposo più triste ancor!

RODRIGO

Sire, che dite mai?

FELIPE

La Regina... un sospiro mi turba...
mio figlio...

RODRIGO

Fiera ha l'alma insieme pura!

FELIPE

Nulla val sotto al ciel
il ben che ei tolse a me!
Il lor destin affido a te!
Scruta quei cor,
che un folle amor trascina.
Sempre lècito è a te
di scontrar la Regina!
Tu, che sol sei un uom
fra lo stuol uman,
ripongo il cor nella leal tua man!

RODRIGO

Inaspettata aurora in ciel apar!

FELIPE

In tua man!

RODRIGO

S'apri quel cor
che niun potè scrutar!

FELIPE

Possa cotanto di la pace a me tornar!

286. ¡Eres muy orgulloso!
Osaste penetrar con tu mirada mi trono.
¡De mi cabeza que lleva la corona,
aprende la angustia y el dolor!
¡Mira ahora mi palacio!
¡La ansiedad lo rodea,
desafortunado padre!
¡Esposo más triste aun!

287. ¿Pero Señor, que es lo que dices?

288. La Reina... una sospecha me turba...
hijo mío...

289. ¡Su alma es pura y orgullosa!

290. ¡Nada vale debajo del cielo
tanto como el bien que él tomó de mí!
¡Confió su destino a ti!
Escruta ese corazón,
que es arrastrado por un loco amor.
¡Acceso libre a la Reina
tendrás en todo tiempo!
¡Tú que solo eres un hombre
dentro de la esfera humana,
pongo el corazón en tus leales manos!

291. ¡Inesperada aurora aparece en el cielo!

292. ¡En tu mano!

293. ¡Se abre ese corazón
que nadie puede escrutar!

294. ¡Llegará el día en que retorne la paz!

RODRIGO
Inaspettata aurora in ciel appar!

295. ¡Inesperada aurora aparece en el cielo!

FELIPE
Possa tal di...

296. Llegará el día...

RODRIGO
Oh, sogno mio divin!

297. ¡Oh, divino sueño mío!

FELIPE
...La pace a me...

298. ...En que la paz a mi...

RODRIGO
Oh! Sogno mio divin!
Oh! Gloriosa speme!

299. ¡Oh! ¡Divino sueño mío!
¡Oh! ¡Gloriosa esperanza!

FELIPE
...La pace a me tornar!
Ti guarda dal Grande Inquisitor!
Ti guarda! Ti guarda!

300. ...¡La paz a mi retorne!
¡Cuídate del Gran Inquisidor!
¡Cuídate, cuídate!

El Rey extiende su mano a Rodrigo que se arrodilla y la besa.

RODRIGO
Sire!

301. ¡Señor!

Acto Tercero

Escena I
El jardín de la Reina. Es de noche, la luna brilla.

CARLO

"A mezza notte, ai giardin della Regina
sotto gli allor della fonte vicina."
E mezza notte;
mi par udir il mormorio del vicino fonte.
Ebbro d'amor, ebbro di gioia il core!
Elisabetta! Mio ben, mio ben!
Mio tesor! A me vien!

302. "A las media noche en el jardín de la Reina
debajo de los laureles de la fuente cercana."
Es media noche;
me parece oír el murmullo de la fuente.
¡Ebrio de amor y de alegría el corazón!
¡Elizabeth! ¡Mi bien, mi bien!
¡Mi tesoro! ¡Ven a mí!

La Princesa Eboli entra velada y Carlo la confunde con Elizabeth.

Sei tu, sei tu, bell'adorata
che appari in mezzo ai flor!
Sei tu, sei tu, alma beata
già scorda il suo dolor!
O tu cagion del mio contento,
parlarti posso almen!
O tu cagion del mio tormento,
sei tu, amor mio, sei tu, mio ben!

¡Eres tú, eres tú, bella adorada
que apareces en medio de las flores!
¡Eres tú, eres tú, alma dichosa
que ya olvida su dolor!
¡Oh tú, causa de mi felicidad,
al menos puedo hablarte!
¡Oh tú, causa de mi tormento,
eres tú, amor mío, eres tu mi bien!

EBOLI

[Un tanto amor è gioia a me suprema
amata, amata io son!]

Para si.

303. [¡Tanto amor es alegría suprema para mi
amada, amada yo soy!]

CARLO

L'universo obbliam!
Te sola, o cara io bramo!
Passato piu non ho,
non penso all'avvenir!
Io t'amo, io t'amo!

304. ¡Olvidemos el universo!
¡Solo te deseo a ti querida!
¡Ya no tengo pasado,
y no pienso en el futuro!
¡Yo te amo, yo te amo!

EBOLI

Possa l'amor
il tuo cor...al mio cor
il tuo cor...sempre unir!

CARLO

L'universo obbliam,
la vita è il ciel istesso.

EBOLI

Oh, gioia suprema!

CARLO

Io t'amo, io t'amo!

[Ciel! Non è la Regina!]

EBOLI

Ahimè! Qual mai pensiero
vi tien pallido, immoto,
e fa gelido il labbro?
Quale spettro si, leva fra noi?
Non credete al mio cor.
Che sol batte per voi?
V'è ignoto forse, ignoto ancora
qual fier agguato a piedi vostri stà?
Sul vostro capo ad ora, ad ora
la fologore del ciel piombar potrà!

CARLO

Deh! Nol credete: ad ora ad ora
più denso vedo delle nubi il vel;
su questo capo io vego ognora
pronta a scoppiar la folgore del ciel!

EBOLI

Udii dal padre, da Posa istesso
in tuon sinistro di voi parlar.

CARLO

Rodrigo!

EBOLI

Salvarvi poss'io
Io v'amo.

305. ¡Que el amor pueda
siempre unir... a mi corazón...
tu corazón!

306. Olvidemos el universo,
a la vida y al cielo mismo.

307. ¡Oh, suprema alegría!

308. ¡Yo te amo, yo te amo!
Para si mismo.
[¡Cielo! ¡No es la Reina!]

309. ¡Cielos! ¿Ese pensamiento
te tiene pálido, inmóvil,
y te hiela los labios?
¿Cuál espectro se levanta entre nosotros?
No le crees a mi corazón.
¿Que solo late por ti?
¿Quizás aún no sabes todavía
que bajo tus pies hay una trampa brutal?
¡Sobre tu cabeza en cualquier momento
podrá caerá un rayo del cielo!

310. ¡No creas que ignoro eso
veo cada vez más denso el velo de las nubes;
sobre mi cabeza yo siempre veo
pronto a caer el rayo del cielo!

311. Yo oí a tu padre y al mismo Posa
en tono siniestro hablar de ti.

312. ¡Rodrigo!

313. Yo puedo salvarte
Yo te amo.

CARLO

Qual mistero a me si rivelò,
qual mistero!

314. ¡Cual misterio a mí se reveló,
cual misterio!

EBOLI

Salvarvi poss'io, salvarvi poss'io
Io v'amo.
Ah, Carlo!

315. Salvarte puedo, salvarte puedo
Yo te amo.
¡Ah, Carlo!

CARLO

Il vostro inver celeste è un core
ma chiuso il mio restar
al gaudio dè!
Noi facemmo ambedue
un sogno strano,
in notte si gentil tra il profumo dei fior.

316. ¡El tuyo es deberás un corazón divino
pero el mío está cerrado
a esa bendición!
Nosotros hemos vivido
un sueño extraño,
en una noche perfumada por las flores.

EBOLI

Un sogno! O ciel!
Quelle parole ardenti
ad altra credeste rivolgere illuso!
Qual balen! Qual mister!
Voi la Regina amate!

317. ¡Un sueño! ¡Cielos!
¡Esas palabras ardientes
creíste dirigirlas a otra!
¡Qué descubrimiento! ¡Qué secreto!
¡Tú amas ata Reina!

CARLO

Pietà!

318. ¡Ten piedad!

RODRIGO

Che disse mai?
Egli è deliro, non merta fè
demente egli è!

Entrando.
319. ¿Qué has dicho?
¡Él está delirando, no se le puede creer
él está demente!

EBOLI

Io nel suo cor lessi l'amor
or noto è a me, eì si perde.

320. Yo leí el amor en su corazón
ahora lo sé, él está perdido.

RODRIGO

Che vuoi dir?

321. ¿Qué quieres decir?

EBOLI

Tutto io so!

322. ¡Lo sé todo!

RODRIGO

Che vuoi dir?
Sciagurata! Trema! Io son...

323. ¿Qué quieres decir?
¡Desdichada! ¡Tiembla! Yo soy...

EBOLI

L'intimo sei del Re,
ignoto non è a me.
Ma una nemica io son f
formidabili, possente
m'è noto il tuo poter,
il mio t'è ignoto ancor!

RODRIGO

Che mai pretendi dir?

EBOLI

Nulla! Al mio furor, sfuggite Invano,
il suo destin è in questa mano.

RODRIGO

Parlar dovete, a noi svelate
qual mai pensiero vi trasse qui.

EBOLI

Io son la tigre al cor ferita,
alla vendetta l'offessa invita.

RODRIGO

Su voi del ciel cadrà il furor.
Degli innocenti è il protettor.

EBOLI

Il mio furor sfuggite invano
è il suo destin in questa mano...
...Nel cor m'avete ferita,
al mio furor...
...il mio furor su di voi piomberà!

CARLO

Stolto fui, stolto fui!
Oh, destin spietato!
D'una madre ho il nome macchiato!
Sol Iddio indagar potrà,
se questo cor colpa non ha.
Sol Iddio...
Oh destin spietato...
Sol Iddio...

324. Eres íntimo del Rey,
eso lo sé muy bien.
¡Pero yo soy una
enemiga formidable y poderosa,
tu poder me es conocido,
y el mío aun te es desconocido!

325. ¿Qué pretendes decir?

326. ¡Nada! No podrá huir de mi furia,
su destino, está en ésta mano.

327. Debes hablar y revelarnos
qué intención te trajo aquí.

328. Soy la tigresa herida en el corazón,
la ofensa invita a la venganza.

329. La furia del cielo caerá sobre ti.
De los inocentes es el protector.

330. No podrá huir de mi furia
su destino está en ésta mano...
... ¡Me ha herido en el corazón,
a mi furia...
...mi furia caerá sobre ti!

331. ¡Fui un tonto, fui un tonto!
¡Oh, despiadado destino!
¡He manchado el nombre de mi madre!
Solo Dios podrá indagar,
si éste corazón no tiene culpa.
Solo dios...
Oh destino despiadado...
Solo dios...

RODRIGO
Su vol del ciel cadrà il furor
Degli innocenti è il protector...

EBOLI
Ed io, che tremava al suo aspetto!
Ella volea questa santa novella
di celesti virtu
mascherando il suo cor,
il piacere libar ed intera
la coppa vuotar dell'amor.
Ah, per mia fe!
Fu ben ardita!

RODRIGO
Tu qui morrari.

CARLO
Rodrigo!

RODRIGO
Il velen ancora non stillò
quel labbro maledetto!

CARLO
Rodrigo! Frena il cor!

EBOLI
Perchè tardi a ferir?

RODRIGO
No!

EBOLI
Non indugiar ancor!

RODRIGO
No!

EBOLI
Perchè tardi?

RODRIGO
No, una speme mi resta,
mi sipirerá il Signor!

332. La furia del cielo caerá sobre ti
De los inocentes es el protector...

333. ¡Y yo, que temblaba frente a ella!
Ella quería éste santo cuento
de celeste virtud,
enmascarando su corazón,
libar el placer
y agotar la copa del amor.
¡Ah, por mi fe!
¡Fue muy atrevida!

Empuñando su puñal.
334. Aquí morirás.

Deteniéndolo.
335. ¡Rodrigo!

336. ¡El veneno aún no ha salido
de sus malditos labios!

337. ¡Rodrigo! ¡Calma tu corazón!

338. ¿Por qué tardas en herirme?

339. ¡No!

340. ¡No te demores más!

341. ¡No!

342. ¿Por qué tardas?

Arrojando el puñal.
343. ¡No, una esperanza me queda,
me inspirará el Señor!

EBOLI
Trema per te, falso figliuolo
la mia vendetta arriva già.
Trema per te, fra poco il suolo
sotto il tuo pie si schiuderá!

RODRIGO
Tacer tu dei, rispetta il duolo.

CARLO
Tutt'ella sa!

RODRIGO
...O un Dio severo ti punirà.

CARLO
Tutt'ella sa!

RODRIGO
Tacer tu dei!

EBOLI
Trema!

RODRIGO
...O per te il suolo...

CARLO
Tremendo duolo!

RODRIGO
...Sotto il tuo pie si schiuderà...

CARLO
Oppresso il cor, forza non ha;
tutto ella sa, tutto ella sà.

EBOLI
Trema per te...

CARLO
Tutt'ella sa...
...nè ancora il suolo...
sotto il mio pie si schiuderà...

344. Tiembla por tú, falso hijo
mi venganza ha llegado.
¡Tiembla por ti, dentro de poco el suelo
bajo tus pies, se abrirá!

345. Tú debes callar, respeta el duelo.

346. ¡Ella lo sabe todo!

347. ...O un severo Dios te castigará.

348. ¡Ella lo sabe todo!

349. ¡Tú debes callar!

350. ¡Tiembla!

351. ...O por ti el suelo...

352. ¡Tremendo duelo!

353. ...Bajo tus pies se abrirá...

354. El corazón oprimido, no tiene tuto
fuerza; ella lo sabe todo.

355. Tiembla por ti...

356. Ella lo sabe todo...
...y aun el suelo...
bajo mis pies se abrirá...

RODRIGO
Tacer tu dei...

357. Tú debes callar...

Eboli se aleja corriendo furiosa.

RODRIGO
Carlo! Se mai su te fogli importanti
serbi, qual che nota, un segreto
a me affidarte dei.

358. ¡Carlo! Si tú llevas papeles importantes,
notas, un documento secreto,
debes confiármelo.

CARLO
A te! All'intimo del Re!

359. ¡A ti! ¡Al íntimo del Rey!

RODRIGO
Sospetti tu di me? Di me? Di me?
Sospetti di me?

360. ¿Sospechas de mí? ¿De mí? ¿De mí?
¿Sospechas de mí?

CARLO
No, no,
del mio cor sei la speranza;
questo cor che si t'amò
a te chiudere non so.
In ti riposi ogni fidanza:
si, questi fogli importanti ti do!

361. No, no,
eres la esperanza de mi corazón;
este corazón que si te amó
no puedo cerrarlo a ti.
¡En ti deposito toda la confianza:
si, te doy estas cartas importantes!

RODRIGO
Carlo, tu puoi, tu puoi fidare in me
puoi fidar in me.

362. Carlo, tu puedes confiar en mi
puedes confiar en mí.

CARLO
Io m'abbandono a te,
m'abbandono a te.

363. Yo me abandono a ti,
me abandono a ti.

Escena II
Una gran plaza frente a la Iglesia de Nuestra Señora de Atocha en Madrid. A la izquierda un palacio.
Atrás, una escalinata lleva a otra plaza situada a nivel más bajo en donde se encuentra una pira funeraria.
Una festiva multitud está reunida para observar un auto de fe durante
el cual se incinerarán varios condenados.
Los soldando con dificultad controlan a la multitud.

CORO
Spuntato ecco il di d'esultanza,
onore, onor al più grande dei Regi!

364. ¡Ha despuntado el día de regocijo,
honor al más grande de los Reyes!

CORO

In esso hannoi popol fidanza
il mondo è postrato al suo piè!
Il nostro amor ovunque l'accompagna,
e questo amor giammai non scemerà,
giammai, giammai, no.
Il nome suo è l'orgoglio della Spagna
e viver deve nell'eternità!

(continuó)

¡En él el pueblo tiene confianza
el mundo está postrado a su pie!
Nuestro amor lo acompaña por doquier,
y este amor jamás se desvanecerá,
jamás, jamás, no.
¡Su nombre es el orgullo de España
y debe vivir por una eternidad!

*Los monjes guían otra ves de la plaza a los condenados
por la Inquisición a ser quemados en la hoguera.*

MONJES

Il di spuntò di del terrore
il di tremendo, il di feral.
Morran, morran, morran!
Giusto è il rigore,
giusto'gli è il rigor dell'immortal.
Ma di perdon voce suprema
all'anatema succederà
se il peccator all'ora estrema
si pentirà.

365. El día amaneció, día de terror
el día tremendo, el día fatal.
¡Morirán, morirán, morirán!
Justo es el rigor,
justo es el rigor del inmortal.
Pero de perdón voz suprema
el anatema revocará
si el pecador en su último momento
se arrepiente.

*La procesión que incluye a Elizabeth y Rodrigo,
sale del palacio y se dirige hacia la entrada de la iglesia.*

EL PUEBLO

Spuntato ecco il di d'esultanza...
...Onor al Re! Onor al Re!

366. Ha amanecido el día de regocijo...
... ¡Honor al Rey! ¡Honor al Rey!

El heraldo Real de pie ante la cerrada puerta de la iglesia.

HERALDO

Schiusa or sia la porta del tempio!
O magion dei Signor, t'apri omai!
Sacrario venerato,
a noi rendi il nostro Re!

367. ¡Que se abran las puertas del templo!
¡Oh mansión del Señor, ábrete ya!
¡Sagrario venerado,
mostrarnos a nuestro Rey!

EL PUEBLO

Schiusa or sia la porta del templo!
O magion del Signor, t'apri ornai!
Sacrario venerato,
rendi alfin il nostro Re!

368. ¡Que se abran las puertas el templo!
¡Oh mansión del Señor, ábrete ya!
¡Venerado sagrario,
mostrarnos por fin a nuestro Rey!

Se abren las puertas, aparece el Rey.

FELIPE

Nel posar sul mio capo la corona
popol'giurai al ciel che me la dona,
dar morte ai rei col fuoco
e col l'acciar.

369. Cuando puse la corona sobre mi cabeza
oh pueblo mío, juré al cielo que me la día,
dar muerte a los malvados con fuego
y con el acero.

EL PUEBLO

Gloria a Filippo! Gloria al ciel!

370. ¡Gloria a Felipe! ¡Gloria al cielo!

Seis funcionarios Flamencos, dirigidos por Carlo,
entran lentamente y se arrodillan frente a Felipe.

ELIZABETH

[Qui Cario! O ciel!]

371. [¡Carlo aquí! ¡Oh cielos!]

RODRIGO

[Che pensier lo sospinge!]

372. [¿Qué pretende hacer?]

FELIPE

Chi son costor prostrati innanzi a me?

373. ¿Quiénes son estos que se postran ante mí?

CARLO

Son messaggier'del Brabante e di Fiandra
ch'il tuo figliuol adduce innanzi al Re.

374. Son mensajeros de Brabante y Flandes
que tu hijo trae ante el Rey.

MENSAJEROS

Sire, Sire,
no, l'ora estrema ancora non suonò
per I Fiamminghi in duol.
Tutt'un popolo t'implora
fa che in pianto così sempre non gema.

Se pietoso il tuo core
la clemenza e la pace,
chiedea nel templo
pietà di nol ti prenda
e salva il nostro suol, o Re,
che avesti il tuo poter da Dio.

375. Señor, Señor,
no, la última hora aún no ha sonado
para los Flamencos en duelo.
Todo un pueblo te Implora que
no dejes que siempre estén llorando.

Si tu compasivo corazón
la clemencia y la paz,
quiere en el templo,
siente piedad de nosotros
y salva a nuestro suelo, Oh Rey,
que tienes el poder que viene de Dios.

FELIPE

A Dio voi foste infidi, infidi a vostro Re
Son i Fiamminghi a me ribelli
guardie, guardie,
vadan lontan da me.

376. A Dios fuiste infieles, infieles a vuestro Rey
son los Flamencos, rebeldes a mi
guardias, guardias,
llévenlos lejos de mí.

MONJES
Ah! Son costar infidi...

EL PUEBLO
Su di lor stenda il Re
la sua mana sovrana.

FELIPE
...A Dio voi foste infidi.

MONJES
...In Dio, in Dio non han la fè...

EL PUEBLO
Trovi pietà signor,
il Fiammingo nel duol.

FELIPE
...Infidi al vostro Re.

MONJES
...in Dio, in Dio non han la fè.

EL PUEBLO
Trovi pietà signor,
il Fiammingo nel duol.

FELIPE
Lungi da me... lungi da me...

ELIZABETH, CARLO, TEBALDO, PUEBLO
Pietà!

FELIPE
la clemenza e la paceA Dio foste infedeli,
al Re foste infedeli
vedan lontan, lontan da me.

ELIZABETH, CARLO, RODRIGO
Signor pietà, signor pietà nel suo martir
presso a morir...

TEBALDO, PUEBLO
Nel suo martir presso a morir
ei manda già l'estremo sospir.

377. ¡Ah! Ellos son infieles....

378. Que hacia ellos el Rey extienda
su mano soberana.

379. ...A Dios ustedes fueron infieles.

380. ...No tienen fe en Dios...

381. Encuentra piedad Señor,
para los Flamencos en su dolor.

382. ...Infieles a vuestro Rey.

383. ...en Dios, en Dios no tienen fe.

384. Encuentra piedad Señor,
para los Flamencos en su dolor.

385. Lejos de mí... lejos de mí...

386.
¡Ten piedad!

387. la clemenza e la paceA Dios fuisteis infieles,
al Rey fuisteis infieles,
váyanse lejos, lejos de mí.

388. Señor piedad, señor piedad en su martirio,
cerca de la muerte...

389. En su martirio, cerca de la muerte
están suspirando por última vez.

TEBALDO, PUEBLO
Pietà, pietà del Fiammingo in dual,
pietà, pietà o signore!

MONJES
Vedete il tor sol dei ribelli!
Tutto il rigor mertan del Re!

ELIZABETH, CARLO, RODRIGO, TEBALDO
...Ei manda già l'estremo suo sospir!

MENSAJEROS
No, l'ora estrema
ancora non suonò
per I Fiamminghi in duol.
Tutt'un popolo t'implora
fa che in pianto cosí sempre non gema;
pietà di noui ti prenda
e salva il nostro suol o Re,
che avesti il tuo poter da Dio!

FELIPE
Sono I Fiamminghi a me ribelli,
infedeli a Dio, al Re!

PUEBLO
Ah! Pietà, pietá signor nel suo martir...
Pietà pel Fiammingo nel dual...
Ah, pietà signor!

MONJES
Ah! Son costar infidi,
in Dio non han la fè,
vedete in lar sol dei ribelli,
tutto il rigor mertan del Re!

ELIZABETH, TEBALDO, CARLO, RODRIGO
Signor, trovi pietà il Fiammingo
nel duol;
nel suo martir
presso a morir...
Ah, pietà signor.

(continuó)
¡Ten piedad del Flamenco en duelo,
piedad, piedad, oh señor!

390. ¡Ve en ellos solo a rebeldes!
¡Ameritan todo el rigor del Rey!

391.
...¡Están suspirando por última vez!

392. No, la última hora
aún no ha sonado
para los Flamencos en duelo.
¡Todo un pueblo te implora
que no los dejes llorando así para siempre;
ten piedad de nosotros
y salva a nuestra tierra oh Rey,
que obtuviste tu poder de Dios!

393. ¡Son los Flamencos rebeldes a mí,
infieles a Dios y al Rey!

394. ¡Ah! Ten piedad señor, en su martirio...
Ten piedad para los Flamencos en su dolor...
¡Ten, piedad señor!

395. ¡Ah! ¡Ellos son infieles,
no tienen fe en Dios,
velos solo como rebeldes,
merecen todo el rigor del Rey!

396.
Señor, que los Flamencos
encuentren piedad en el dolor;
en su martirio
cerca de la muerte...
Ah, piedad señor.

CARLO

Sire, egli è tempo ch'io viva!
Stanco son di seguir
una esistenza oscura in questo suol!
Se Dio vuol che il tuo serto questa mia fronte
un giorno a cinger venga
per la Spagna prepara
un Re degno di lei!
El Brabante e la Fiandra a me tu dona.

FELIPE

Insensato! Chieder tanto ardisci!
Tu vuol ch'io stesso porga a te
l'acciar che un di immolerebbe il Re!

CARLO

Ah! Dio legge a noi nei car.
Ei giudicar ci dè.

ELIZABETH

Io tremo.

RODRIGO

El si perdè!

CARLO

Io qui lo giuro al ciel!
Sarti tuo salvator, popol Fiammingo , io sol!

LOS OTROS

L'acciar! innanzi al Re!
L'Infante è fuor di sè.

FELIPE

Guardie! Disarmato el sia!
Signor, sostegni del mi trono
disarmato el sia.
Ma che? Nessuno?

CARLO

Or ben di voi...

FELIPE

Che?

397. ¡Señor, ya es tiempo de que yo viva!
¡Cansado estoy de seguir
una existencia obscura en esta tierra!
¡Si Dios quiere que tu corona
un día ciña mi frente
por España, prepara a
un Rey digno de ella!
Dóname el Brabante y Flandes.

398. ¡Insensato! ¡Te atreves a querer tanto!
¡Tú quieres que yo mismo te ofrezca
el acero que un día inmolará al Rey!

399. ¡Ah! Dios lee en nuestros corazones.
Él debe juzgarnos.

400. Estoy temblando.

401. ¡Él está perdido!

Empuña su espada.
402. ¡Yo aquí lo juro al cielo!
¡Solo yo seré tu salvador, pueblo Flamenco!

403. ¡La espada! ¡Delante del Rey!
El Infante está fuera de sí.

404. ¡Guardias! ¡Que sea desarmado!
Señor, sostén de mi trono
que sea desarmado.
¿Pero qué? ¿Nadie?

405. Bien, quien de ustedes...

406. ¿Qué?

CARLO
...Chi l'oserà?

407. ...¿Quién se atreverá?

FELIPE
Nessuno?

408. ¿Nadie?

CARLO
A quest'acciar...

409. A éste acero...

FELIPE
Nessuno?

410. ¿Nadie?

CARLO
...Chi sfugirà?

411. ...¿Quién escapará?

El Rey furioso, toma la espada del Capitán de la Guardia
que se encuentra junto a él.

FELIPE
Disarmato ei sia!

412. ¡Que sea desarmado!

RODRIGO
A me il ferro.

413. Dame a espada.

Rodrigo toma la espada y la presenta al Rey.

CARLO
O ciel! Tu! Rodrigo!

414. ¡O cielos! ¡Tu! ¡Rodrigo!

CORO
Egli! Posa!

415. ¡El! ¡Posa!

EBOLI
Ei!

416. ¡El!

FELIPE
Marchese, Duca siete.
Andiam or alla festa.

417. Marqués, te nombro Duque.
Ahora vayamos a la celebración.

Felipe, seguido por la Corte conduce a Elizabeth de la mano hasta
sus lugares para presenciar el auto de fe.

CORO
Spuntato è il di d'esultanza,
onor, onor al Re!
In esso hanno I popol fidanza
il mondo è postrato el suo pie!

418. ¡Ha amanecido el día de regocijo,
honor, honor al Rey!
¡En él tiene confianza el pueblo
el mundo está postrado a sus pies!

MONJES
I, di spuntò, il di spuntò del terrore!

UNA VOZ CELESTIAL
Volate verso il ciel
volate povere alme,
volate a goder la pace del Signor!

FUNCIONARIOS
E puoi soffrirlo, o ciel!
Nè spegni quelle fiamme!
S'accende in nome tuo
quel rogo punitor!

MONJES
Il di tremendo...

FUNCIONARIOS
L'accende l'oppressor!

VOZ CELESTIAL
...La pace!

FELIPE, MONJES
Gloria al ciel!

419. ¡El día despuntó, el día del terror despuntó!

420. ¡Vuelen hacia el cielo
vuelen pobres almas,
vuelen a gozar de la paz el Señor!

421. ¡Y puedan soportarlo, oh cielo!
¡Apaguen esas llamas!
¡Se enciende en tu nombre
esa pira de castigo!

422. El terrible día...

423. ¡La enciende el opresor!

424. ...¡La paz!

425. ¡Gloria al cielo!

Acto Cuatro

Escena I
El estudio del Rey en Madrid. Está amaneciendo.

FELIPE

Ella giammai m'amò!	426. ¡Ella jamás me amó!
No, quel cor chiuso è a me,	¡No, ese corazón está cerrado a mí,
amor per me non ha!	no tiene amor para mí!
Io la rivedo ancor	Todavía la veo
contemplar trista in volto	contemplar con triste rostro
il mio crin blanco il di che	mi blanco cabello el día en que
qui di Francia venne.	llegó de Francia.
No, amor per me non ha,	¡No, no tiene amor para mí,
amor per me non ha!	no tiene amor para mí!
Ove son?	¿En dónde estoy?
Quei doppier presso a finir!	¡Esos candelabros se van a apagar!
L'aurora imbianca il mio veron	¡La aurora blanquea mi balcón
già spunta il di!	ya despunta el día!
Passar veggo I miei giorni lenti!	¡Veo pasar lentamente mis días!
Il sonno, o Dio,	El sueño, oh Dios,
spari da miei occhi languenti,	desaparece de mis ojos cansados,
Dormirò sol nel manto mio regal,	dormiré solo en mi manto real,
quando la mia giornata è giunta a sera	cuando mi jornada esté cercana a la noche
dormirò sol sotto la volta nera	dormiré solo en la tumba negra
dormirò sotto la volta nera	dormiré solo en la tumba negra
lá nell avelo dell'Escorial.	allá en mi tumba del Escorial.
Se il serto regal a me desse il poter	Si la corona real me pudiera dar el poder
di leggere nei cor,	de leer en el corazón
che Dio può sol può sol veder.	como solo Dios puede hacerlo.
Ah, se il serto regal...	¡Ah, si la corona real...
Ella giammai m'amò!	Ella jamás me amó!
No, quel cor chiuso m'è,	¡No ese corazón me está cerrado,
amor per me non ha!	no hay amor para mí!

*El Gran Inqulsidor, ciego, de noventa años de edad
entra sostenido por dos monjes dominicos.*

CONDE DE LERMA
Il Grand Inquisitor!

427. ¡El gran Inquisidor!

INQUISIDOR
Son io dinanzi al Re?

428. ¿Estoy enfrente del Rey?

FELIPE
Si, vi feci chiamar, mio padre!
In dubbio io son.
Carlo mi colma il cor
d'una tristezza amara
L'Infante a me ribelle,
armosi contro il padre.

429. ¡Si, te hice llamar, padre mío!
Tengo dudas.
Carlo llena mi corazón
con una amarga tristeza.
El Infante se me rebeló,
tomó las armas contra su padre.

INQUISIDOR
Qual mezzo per punir scegli tu?

430. ¿Cuál es medidas para castigarlo escoges tú?

FELIPE
Mezzo estrem.

431. Medidas extremas.

INQUISIDOR
Noto mi sia!

432. ¡Déjame conocerlas!

FELIPE
Che fugga o che la scure...

433. Que escape o el hacha.

INQUISIDOR
Ebben?

434. ¿Entonces?

FELIPE
Se il figlio a morte invio,
m'assolve la tua mano?

435. ¿Si envió a mi hijo a la muerte,
me absuelve tu mano?

INQUISIDOR
La pace dell'impero
di val d'un ribelle.

436. La paz del imperio
vale la vida de un rebelde.

FELIPE
Posso il figlio immolar al mondo
io cristian?

437. ¿Siendo yo cristiano, puedo inmolar
ante el mundo a mi hijo?

INQUISIDOR
Per riscattarci Iddio
il suo sacrifiò.

FELIPE
Ma tu puoi dar vigor,
a legge si severa?

INQUISIDOR
Ovunque avrà vigor
se sul Calvario l'ebbe.

FELIPE
La natura, l'amor
tacer potranno in me?

INQUISIDOR
Tutto tacer dovrà per esaltar la fè.

FELIPE
Sta ben!

INQUISIDOR
Non vuoi il Re
su d'altro interrogarmi?

FELIPE
No!

INQUISIDOR
Allor son io ch'a
voi parlerò, Sire.
Nell'ispano suol
mai l'eresia dominò,
ma v'ha chi vuol
minar l'edifizio divin.
L'amico egli è del Re,
il suo fedel compagno,
il demon tentator
che lo spinge a rovina.
Di Carlo il tradimento
che giunse a t'irritar,
in paragon del suo
futile gioco appar.

438. Para redimirnos, Dios
sacrificó al suyo.

439. ¿Pero tú puedes vigorizar
una ley tan severa?

440. En dondequiera habrá rigor
sí en el Calvario lo hubo.

441. ¿Pueden la naturaleza y el amor
estar callados en mí?

442. Todo debe ser silenciado para exaltar la fe.

443. ¡Está bien!

444. ¿No desea el Rey
interrogarme sobre otra cosa?

445. ¡No!

446. Entonces soy yo
quien a ti hablará, Señor.
En el suelo hispano,
nunca dominó la herejía,
pero hay quien quiere
minar el edificio divino.
Él es amigo del Rey,
su fiel acompañante,
el demonio tentador
que lo incita a la ruina.
La traición de Carlo
que te hace irritar,
comparada con la de él,
parece un fútil juego.

INQUISIDOR

Ed io l'Inquisitor,
io che levai sovente
sopra orde vil'di rei
la mano mía possente,
pei grandi di quaggiu,
scordando la mia fè
tranquilli lascio andar
un gran ribelle ...
e il Re!

FELIPE

Per travesar I di dolenti in cui viviamo
nella mia corte invan
cercar'ho quel che bramo.
Un uomo! Un cor leal!
Io lo travail!

INQUISIDOR

Perchè un uomo?
Perchè allor il nome
hai tu di Re,
Síre, s'alcun v'ha pari a te?

FELIPE

Non più frate!

INQUISIDOR

Le idee dei novator
in te son penetrate!
Infrangere tu vuoi
con la tua debol man
il santo giogo esteso
sovra l'orbe roman!
Ritorna al tuo dover;
la Chiesa
all'uom che spera,
a chi si pente,
puote offrir la venia intera;
a te chiedo il Signor di Posa.

FELIPE

No, giammai!

(continuó)

¡Y yo el Inquisidor,
yo que elevo con frecuencia
mi poderosa mano sobre las viles hordas
de los no creyentes,
sobre los grandes que alientan,
olvidando la fe,
el desenfreno
de un gran rebelde ...
en contra del Rey!

447. Para soportar los días dolientes en que
vivimos en mi Corte, en vano
tengo que buscar a aquel que quiero.
¡Un hombre! ¡Un corazón leal!
¡Yo lo encontraré!

448. ¿Por qué a un hombre?
¿Por qué entonces tienes
el nombre de Rey,
Señor, si cualquiera puede ser tu igual?

449. ¡Ya no más, fraile!

450. ¡Las ideas del innovador
en ti han penetrado!
¡Tú quieres infringir
con tu débil mano
el santo yugo
sobre el mundo romano!
Retorna a tu deber,
la Iglesia puede ofrecer
al hombre que espera
y que se arrepiente
el perdón completo;
yo te pido al Marques de Posa.

451. ¡No, jamás!

INQUISIDOR

O Re, se non foss'io con te
nel regio ostel oggi stesso,
Io giuro a Dio, doman saresti presso
Il Grande Inquisitor
al tribunal supremo.

452. Oh Rey, si yo no estuviera contigo
en el palacio real en éste día,
lo juro ante Dios, mañana estarías
frente al Gran Inquisidor
en el tribunal supremo.

FELIPE

Frate
troppo soffril il tuo parlar crudel!

453. ¡Fraile
he sufrido mucho tu hablar tan cruel!

INQUISIDOR

Perchè evocar allor l'ombra di Samuel?
Dato ho finor due regi
al regno tuo possente!
L'opra di tanti di
tu vuoi strugger, demente!

454. ¿Por qué evocar entonces la sombra de
Samuel?
¡Te he dado dos reyes
para tu poderoso reino!
¡La obra de tantos días
la quieres destruir, demente!

Se dé la vuelta para marcharse.

Perchè mi trovo io qui?
Che vuoi il Re da me?

¿Por qué me encuentro yo aquí?
¿Qué quiere el Rey de mí?

FELIPE

Mio, padre,
che tra noi la pace alberghi ancor.

455. Padre mío,
que entre nosotros permanezca la paz.

INQUISIDOR

La pace?

456. ¿La paz?

FELIPE

Obbliar tu dei quel ch'è pasatto.

457. Olvida lo que ha pasado aquí.

INQUISIDOR

Forse!

458. ¡Quizás!

El Inquisidor es llevado hacia afuera.

FELIPE

Dunque il trono piegar dovrà
sempre all'altare!

459. ¡Entonces, el trono deberá doblegarse
siempre al altar!

Elizabeth entra corriendo y se arroja a los pies el Rey.

ELIZABETH

Giustizia, giustizia, Sire!

Giustizia, giustizia!

Ho fè nella lealta del Re.

Son nella Corte tua crudelmente trattata

e da nemici oscuri incogniti oltraggiata.

Lo scrigno ov'io chiudea, Sire.

tutt'un tesor, I gioelli

... altri oggetti,

a me più cari ancor

l'hanno rapito a me!

Giustizia, giustizia!

La reclamo da Vostra Maestà.

FELIPE

Quello che voi cercate, eccolo!

El le entrega el cofre.

ELIZABETH

Ciel!

FELIPE

A voi d'aprirlo, piaccia.

Ella se rehusa.

Ebben, io l'aprirò!

El abre el cofre.

ELIZABETH

[Ah, mi sento morir!]

FELIPE

Il ritratto di Carlo!

Non trovate parola?

Il ritratto di Carlo!

ELIZABETH

Si!

FELIPE

Fra I vostri gioiel?

ELIZABETH

Si!

460. ¡Justicia, justicia, Señor!

¡Justicia, justicia!

Tengo fe en la lealtad del Rey.

Soy cruelmente tratada en tu Corte

y ultrajada por enemigos obscuros y des

conocidos. ¡El cofre donde guardaba, Señor

todo un tesoro, las joyas!

y otros objetos,

muy apreciados por mí

me lo han robado!

¡Justicia, justicia!

La reclamo de Vuestra Majestad.

461. ¡He aquí lo que buscas!

462. ¡Cielos!

463. Si te place abrirlo.

¡Bien, yo lo abriré!

464. [¡Ah, me siento morir!]

465. ¡El retrato de Carlo!

¿No encuentras palabras?

¡El retrato de Carlo!

466. ¡Si!

467. ¿Entre tus joyas?

468. ¡Si!

FELIPE

Che! Confesar l'osate a me?

469. ¡Que! ¿Osas confesármelo?

ELIZABETH

Io l'oso, si!
Ben lo sapete,
un di promessa
al figlio vostro fu la mia man!
Or v'appartengo...
a Dio sommessa,
ma immacolata qual giglio son!
Ed ora si sospetta
l'onor d'Elisabetta!
Si dubita di me...
e chi m'oltraggia è il Re!

470. ¡Si!
¡Bien lo sabes,
un día mi mano
fue prometida a tu hijo!
¡Ahora pertenezco a ti...
sumisa a Dios,
pero casta como un lirio soy!
¡Y ahora si sospechas
del honor de Elizabeth!
¡Si dudas de mí...
y el que me ultraja es el Rey!

FELIPE

Ardita troppo voi favellate!
Me debole credete
e sfidarmi sembrate
la debolezza in me
può diventar furor.
Tremate allor
per voi, per me.

471. ¡Te atreves a hablarme así!
Me crees débil
y parece que me desafías
la debilidad en mi
puede tornarse en furor.
Entonces tiembla
por ti y por mí.

ELIZABETH

Il mio fallir qual è?

472. ¿Cuál es mi falla?

FELIPE

Spergiura!
Se tanta infamia colmò la misura
se fui da voi, se fui tradito,
io lo giuro innanzi al ciel,
il sangue verserò!

473. ¡Perjura!
¡Si tanta infamia colmó mi medida
si fui traicionado por ti,
yo lo juro delante del cielo,
la sangre se verterá!

ELIZABETH

Pietà mi fate...

474. Siento compasión por ti...

FELIPE

Ah, la pietà d'adultera consorte!

475. ¡Ah, la piedad de la consorte adúltera!

ELIZABETH

Ah!

476. ¡Ah!

La Reina se desmaya, Felipe abre la puerta.

FELIPE
Soccorso alla Regina!

477. ¡Socorran a la Reina!

Entran Eboli y Rodrigo.

EBOLI
[Ciel! Che mai feci! Ahimè!]

Para si misma, al ver a Elizabeth inconsciente.
478. [¡Cielos! ¡Qué he hecho! ¡Cielos!]

RODRIGO
Sire!
Soggetta è a voi la metà delta terra;
sareste dunque in tanto vasto imper
il sol cui non v'è dato il comandar?

A Felipe.
479. ¡Señor!
¡Sujeta está a tila mitad de la tierra;
serás tú el único en tan vasto imperio
que no eres capaz de controlarlo?

FELIPE
[Ah! Sii maledetto, sospetto fatale,
opera d'un demon infernal.]

480. [¡Ah! Sé maldito, sospechoso fatal
obra de un demonio infernal.]

EBOLI
[La perdei, la perdei!
Oh rimorso fatale!]

481. [¡La he arruinado, la he arruinado!
¡Oh remordimiento fatal!]

FELIPE
No!

482. ¡No!

EBOLI
[Commettea...]

483. [He cometido...

FELIPE
...Non macchiò...

484. ...No manchó...

EBOLI
...Un delitto infernal.]

485. ...Un delito de infernal.]

FELIPE
...La fè giurata...

486. ...La fe jurada...

EBOLI
[La perdei!]

487. [¡La arruiné!]

FELIPE
...La sua fierezza il dice a me!

488. ...¡Su fiereza me lo dice!

EBOLI
[La perdei!]

489. [¡La arruiné!]

RODRIGO
[Ormai d'oprar suonata è l'ora,
folgor orrenda in ciel brinò,
ormai d'oprar...
Che per la
Spagna un uom muora
lieto avenir le lascerò;
che per la Spagna
un uomo muora...]

EBOLI
[La perdei, rimorso fatale!]

FELIPE
A me infedel costei non fu!

RODRIGO
...Lieto avvenir le lascerò...

FELIPE
No! Non macchiò la fè...

EBOLI
Ah! La tradia...
io tradia...

FELIPE
...Giurata a me infedele non fù!

RODRIGO
Ornai d'oprar, omai d'oprar,
suonata è l'ora!

EBOLI
...Quel nobile cor! Oh dolor!

ELIZABETH
Che avverse? Oh ciel!
In pianto e duolo ognun
o madre...

EBOLI
Oh dolor!

490. [Ahora la hora de actuar ha llegado,
fulgor horrendo brilló en el cielo,
ahora la hora...
Qué por
España un hombre muera
feliz futuro le dejará;
que por España
un hombre muera...]

491. [¡La arruiné, remordimiento fatal!]

492. ¡No me fue infiel!

493. ...Feliz futuro le dejaré...

494. ¡No, no manchó la fe! ...

495. ¡Ah! La traicioné...
yo traicioné...

496. ...¡Jurada a mi, no fue infiel!

497. ¡Ha sonado la hora
de actuar!

498. ...¡Qué noble corazón! ¡Oh dolor!

Vuelve en si.
499. ¿Qué sucedió? ¡Oh cielos!
En el llanto y en cualquier duelo,
oh madre...

500. ¡Oh dolor!

ELIZABETH

...M'abbandonò.
Io son straniera in questo suol!
Più sulla terra speme non ho!

EBOLI

Rimorso, rimorso fatal!

FELIPE

No, non machiò...

EBOLI

La tradia!

FELIPE

...La fè giurata,
a me infedele non fù.

RODRIGO

Ornai d'oprar suonata è l'ora.
Folgor orrenda in ciel brillò!

EBOLI

Io tradia quel nobile core!
Io ne morrò, dal dolor morrò!

ELIZABETH

Ah, sola, straniera in questo suolo.
Ah, più sulla terra più speme non ho;
ognun, ahimè! O madre mia,
ognun quaggiu m'abbandonò.
Più speme omai, ah! Che in del non ho!
Speme ho sol nel del!

EBOLI

Io tradia quel nobile core, oh dolor!
Io la tradiva! Ah, ne morrò!
La perdel, la tradia,
oh rimorso fatale!
Io tradia quel nobile core, oh dolor!
Oh rimorso! Io ne morrò.
Oh, rimorso fatale, se più perdon
non avrò in terra, o in ciel!

501. ...Me abandonaron.
¡Yo soy extranjera en ésta tierra!
¡Ya no tengo esperanzas!

502. ¡Remordimiento, remordimiento fatal!

503. No, no manchó...

504. ¡La traicioné!

505. ...La fe jurada,
no me fue infiel.

506. Ahí fin, la hora de actuar ha sonado.
¡Fulgor horrendo brilló en el cielo!

507. ¡Yo traicioné a ese noble corazón!
¡Yo moriré, moriré de dolor!

508. Ah, sola, extranjera en ésta tierra.
Ah, ya no tengo esperanza en la tierra;
todos, madre mía,
todos aquí me abandonaron.
¡Más esperanza solo tengo en el cielo!
¡Esperanza solo tengo en el cielo!

509. ¡Yo traicioné a ese noble corazón, oh dolor!
¡Yo la traicioné! ¡Ah, moriré!
¡La arruiné, la traicioné,
oh fatal remordimiento!
¡Yo traicioné a ese noble corazón, oh dolor!
¡Oh remordimiento! Yo moriré.
¡Oh remordimiento fatal, no habrá perdón
ni en la tierra ni en el cielo!

FELIPE

No, no macchiò la fè giurata!
A me infedel costei non fù!
A me non fù infedel, ah no,
a me non fù!
Ah, sia maledetto il sospetto,
il demone, il rio demon!

510. ¡No, no manchó el té jurada!
¡Ella no me fue infiel!
¡A mí no me fue infiel, ah, no,
a mí no me fue!
¡Ah, maldito sea el sospechoso,
el demonio, el maldito demonio!

RODRIGO

E che per la Spagna un uomo muora
lieto avvenir le lascerò!
Che per la Spagna un uomo muora
io lieto di le lascerò!
Che un uomo muora,
lieti di a lei legar saprò!

511. ¡Y que por España un hombre muera
feliz futuro le dejaré!
¡Que por España un hombre muera
yo felices días les dejaré!
¡Que un hombre muera,
felices vías les legará!

Felipe y Rodrigo parten, dejando a Eboli Con la Reina.

EBOLI

Pietà, pietà, perdon!
Per la rea che si pente.

Se arroja a los pies de la Reina.

512. ¡Piedad, piedad, perdón!
Por la culpable mujer arrepentida.

ELIZABETH

Al mio pie! Voi! Qual colpa!

513. ¡Tú a mis pies! ¿Cuál es tu culpa?

EBOLI

Ah! M'uccide il rimorso!
Tortutato è il mio cor.
Angel del ciel.
Regina augusta e pia,
sappiate a qual demon
l'inferno vida in preda!
Quello scrigno... so io che l'involai.

514. ¡Ah, el remordimiento me mata!
Mi corazón es torturado.
Ángel del cielo.
¡Reina augusta y piadosa,
sabe a cuál demonio
el infierno te ofrece como presa!
Yo fue quien robó tu cofre.

ELIZABETH

Voi!

515. ¡Tu!

EBOLI

Si, son io, che v'accusai!

516. ¡Si soy yo quien te acusó!

ELIZABETH

Voi!

517. ¡Tu!

EBOLI

Si, l'amor, il furor...
l'odio che aveá per voi,
contro voi m'eccitar!
La gelosia crudel
che straziavami il cor
contro voi m'eccitar!
Io Carlo amava!
E Carlo m'ha sprezzata!

ELIZABETH

Voi l'amaste! Sorgete!

EBOLI

No, no, píetà di me!
Un'altra colpa!

ELIZABETH

Ancor!

EBOLI

Pietà! Pietà!
Il Re... non imprecate a me!
Si! Sedotta! Perduta!
L'errar che v'imputai
Io, io stessa avea commesso!

ELIZABETH

Rendetemi la croce!
La Corte vi convien
lasciar col di novello!
Fra l'esilio, ed il vel...
sceglier potrete!

Elizabeth sale.

EBOLI

Ah! Più non vedrò,
ah, più mai non vedrò la Regina!
O Don fatale, o Don crudel,
che in suo furor mi fece il cielo!
Tu che ci faisi vane, altere,
ti maledico, ti maledico, o mia beltà.
Versar, versar sol posso il pianto
speme non ho, soffrir dovrò!

518. ¡Si, el amor, la furia...
el odio que tenía contra ti,
me inflamó en contra tuya!
¡Los crueles celos
que destrozaba mi corazón
me inflamó contra ti!
¡Yo Amaba a Carlos!
¡Y Carlo me ha despreciado!

519. ¡Tú lo amaste! ¡Levántate!

520. ¡No, no ten piedad de mí!
¡Tengo otra culpa!

521. ¿Todavía más?

522. ¡Piedad! ¡Piedad!
¡El Rey... no me maldigas!
¡Si! ¡Seducida! ¡Perdida!
¡El error que yo te Imputé
yo, yo misma lo cometí!

523. ¡Regrésame la cruz!
¡Debes dejar
la Corte al amanecer!
¡Entre el exilio y el velo...
podrás escoger!

524. ¡Ah! ¡Ya no veré más,
ah, ya no veré más a la Reina!
¡Oh regalo fatal, oh regalo cruel,
que en su furor me hace el cielo!
Tu que nos haces vanos y orgullosos
te maldigo, te maldigo, oh belleza mía.
¡Verter, verter, solo puedo el llanto
esperanza no tengo, debo sufrir!

EBOLI

Il mio delitto è orribile tanto
che cancellar mai nol potrò!
Ti maledico, ti maledico,
o mia beltà!
O mia Regina, io t'immolai
al folie error, di questo cor.
Solo in un chiostro al mondo omai
dovrò celar il mio dolor!
Ohimè! Ohimè! O mia Regina
solo in chiostro...
Oh ciel! E Carlo?
A morte domani gran Dio!
A morte andar vedrò!
Ah, un di mi resta, la
speme m'arride,
sia benedetto il ciel!
Si, lo salverò!

(continuó)

¡Mi delito es tan horrible
que no podré borrarlo!
¡Te maldigo, te maldigo,
oh belleza mía!
Oh Reina mía, yo te inmolé
por el loco error de éste corazón.
¡Solo en un claustro debo esconder
Del mundo mi dolor!
¡Cielos! Reina mía
solo en un claustro...
¡Oh cielos! ¿Y Carlo?
¡Morirá mañana gran Dios!
¡Lo veré ir hacia la muerte!
¡Ah, un día me queda,
la esperanza me sonríe,
bendito sea el cielo!
¡Si, lo salvaré!

Escena II
Una prisión subterránea en donde Carlo está confinado.
Entra Rodrigo y habla con los guardias, que se retiran.

RODRIGO

Son io, mío Carlo.

525. Soy yo, mi Carlo.

CARLO

O Rodrigo!
Io ti son ben grato di venir
di Carlo alla prigion.

526. ¡Oh Rodrigo!
Te estoy muy agradecido por
venir a la prisión de Carlo.

RODRIGO

Mio Carlo!

527. ¡Mi Carlo!

CARLO

Ben tu il sai!
M'abbandonò il vigore!
D'Elisabetta il amor mi tortura e m'uccide.
No, più valor non ho pei viventi!
Ma tu puoi salvarli ancor;
oppressi no, non flan più.

528. ¡Bien tú sabes!
¡Me abandonó el vigor!
El amor de Elizabeth me tortura y me mata.
¡No, no tengo valor para vivir!
Pero tú aun puedes salvarlos;
ellos ya no estarán oprimidos.

RODRIGO

Ah, noto appien ti sia l'affetto mio!
Uscir tu dei da quest'orrendo avel.
Felice ancor io son
se abbracciar ti poss'ìo.
Io ti salvai!

529. ¡Ah, date cuenta cuán grande es mi afecto!
Tú debes salir de ésta horrenda tumba.
De nuevo soy feliz
por poderte abrazar.
¡Yo te salvaré!

CARLO

Che di?

530. ¿Qué dices?

RODRIGO

Convien qui dirci addio.
O mio Carlo!
Per me giunto è il di supremo,
no, mai più ci rivedrem;
ci congiunga Iddio nel ciel.
Ei che premia I suol'fedel.
Sul tuo ciglio il pianto io miro
lagrimar così perchè?
No, fa cor, no fa cor,
l'estremo spiro lieto è
a chi morrà per te.
No, fa cor...

531. Debemos ahí ora decirnos adiós.
¡Oh mi Cario!
Para mí el último día se acerca,
no nos volveremos a ver;
que Dios nos reúna en el cielo.
Él que premia a sus fieles.
¿Veo el llanto en tus ojos
porqué llorar así?
No, ten valor, ten valor,
el último suspiro es feliz
del que por ti morirá.
No, ten valor...

CARLO

Che parli tu di morte?

532. ¿Por qué hablas de la muerte?

RODRIGO

Ascolta, il tempo stringe
Rivolta ho già su me la folgore temenda!
Tu più non sei oggi il rival del Re;
il fiero agitator delle Fiandre... son io!

533. ¡Escucha, el tiempo apremia
te volteado hacia mí la tremenda tormenta!
¡Tú ya no eres hoy el rival del Rey;
el feroz agitador de Flandes... soy yo!

CARLO

Chi potrà presta fè?

534. ¿Quién podrá creer eso?

RODRIGO

Le prove son tremende!
I fogli tuoi trovati in mio poter
della ribellion testimoni son chiari,
e questo capo al certo a prezzo è mezzo già.

535. ¡Las pruebas son tremendas!
Tus papeles encontrados en mi poder
son claros testimonios de la rebelión,
y sobre mi cabeza ya hay un precio.

Dos hombres, uno con el hábito de la Inquisisción y el otro armado con un arcabus,
entran sin ser vistos por las escaleras superiores de la prisión.
Ellos señalan a Rodrigo y a Carlos.

CARLO

Svelar vò tutto al Re.

536. Quiero rebelarle todo al Rey.

RODRIGO

No, ti serba alla Fiandra,
ti serba alla grand opra
tu la dovrai compire;
un nuovo secol d'or rinascer tu farai;
regnare tu dovevi, ed io morir per te.

537. No, resérvate para Flandes,
resérvate para la gran tarea,
tú deberás completarla;
un nuevo siglo de oro tú harás renacer;
tú deberás reinar, yo moriré por ti.

Los asesinos le disparan.

CARLO

Ciel, la morte! Per chi mai?

538. ¡Cielos, la muerte! ¿Por quién?

RODRIGO

Per me! La vendetta del Re
tardare non pote la!

539. ¡Para mí! ¡La venganza del Rey
no podía tardar!

CARLO

Gran Dio!

540. ¡Gran dios!

RODRIGO

O Carlo, ascolta, la madre
t'aspetta a San Giusto, doman;
tutto ella sa.
Ah! La terra mi manca!
Carlo mio, a me porgi la man!
Io morrò ma lieto in core
che, potei cosí serbar
alla Spagna un salvatore!
Ah, di me non ti scordar!
Di me non ti scordar!
Regnare tu dovevi,
ed io morir per te.
Ah, io morrò ma lieto in core
che potei così serbar
alla Spagna un salvatore!
Ah, di me non ti scordar!
Ah, la terra mi manca...
la mano a me, a me...
Ah! Salva la Fiandra...
Carlo addio...ah...ah...

541. Oh Carlo, escucha, la madre
te espera en San Justo, mañana;
ella lo sabe todo.
¡Ah! ¡Me desmayo!
¡Carlo mío, dame tu mano!
¡Yo moriré con el corazón contento
he podido conservar
un salvador para España!
¡Ah, no te olvides de mí!
¡No te olvides de mí!
Tu deberás reinar,
y yo morir por ti.
¡Ah, yo moriré con el corazón feliz
porque he podido conservar
un salvador para España!
¡Ah, no te olvides de mí!
Ah, me desmayo...
dame la mano...
¡Ah! Salva a Flandes...
Adiós Carlo...ah...ah...

Rodrigo muere y Carlo cae desesperado sobre Rodrigo.
Felipe entra acompañado por sus grandes.

FELIPE
Mio Carlo, e te la spada io rendo.

542. Carlos mío, te regreso tu espada.

CARLO
Arretra!
La tua man di sangue è inbtrisa!
Orror! Una frate man fede ci unía!
Ei m'amava!
La vita sua per me sacrificò!

543. ¡Atrás!
¡Tu mano está empapada en sangre!
¡Horror! ¡Una fraterna fe nos unía!
¡Él me amaba!
¡El sacrificó su vida por mí!

FELIPE
Presagio mio feral!

544. ¡Presagio fatal!

CARLO
Tu plu figlio non hai!
I regni miei stan presso a lui!

545. ¡Tú ya no tienes hijo!
¡Mis reinos están cerca de él!

Mirando el cuerpo de Rodrigo.

FELIPE
Chi rende a me quell'uom?

546. ¿Quién me regresará a éste hombre?

Suena la alarma.

GRANDES
Ciel! Suona a stormo!

547. ¡Cielos! ¡Suena a rebato!

PUEBLO
Perir dovrà
chi d'arrestarsi attenti!
Ognun che ci arresti!
Feriam, feriam, feriam!
Senza tema o pietà!
Non abbia alcun pietà!
Tremar dovrà...

548. ¡Deberá perecer
el que intente detenernos!
¡Nadie nos detendrá!
¡Pelearemos, pelearemos, pelearemos!
¡Sin temor ni piedad!
¡No habrá piedad!
Deberá temblar...

CONDE DE LERMA
Il popoi è in furor!

549. ¡El pueblo está furioso!

PUEBLO
...E curvar la testa...
...Tremar...
Davanti al popol ultor!

550. ...Y bajar la cabeza...
...Temblar...
¡Ante el pueblo vengador!

CONDE DE LERMA
E l'Infante
ch'ei vuol!

FELIPE
Si schiudan le porte!

GRANDES
Ciel!

FELIPE
Obbedite! Io lo vò!

El pueblo entra.

PUEBLO
Feriam! Feriara!
Feriam, più niun ci arresta!
Feriam! Feriam!
Feriam, ne tema o pietà!
Tremar dovrà,
e curvar la testa,
tremar davanti
al popol ultor!

Entra Eboli enmascarada.

EBOLI
Va! Fuggi!

FELIPE
Che volete?

PUEBLO
L'Infante!

FELIPE
Egli qui stà!

INQUISIDOR
Sacrilegio infame!

PUEBLO
Il Gran Inquisidor!

551. ¡Es al Infante
a quien quieren!

552. ¡Que se abran las puertas!

553. ¡Cielos!

554. ¡Obedezcan! ¡Lo ordeno!

555. ¡Luchemos, luchemos!
¡Luchemos, nadie nos detiene!
¡Luchemos, luchemos!
¡Luchemos, sin temor ni piedad!
¡Deberá temblar, y
doblar la cabeza,
temblar delante
del pueblo vengador!

A Carlo.
556. ¡Vete! ¡Huye!

Al pueblo.
557. ¿Qué quieren?

558. ¡Al Infante!

559. ¡Aquí está él!

Llega el Inquisidor

560. ¡Sacrilegio infame!

561. ¡El Gran Inquisidor!

INQUISIDOR
Vi prostrate innanzi al Re,
che Dio protegge!
Vi prostrate! Vi prostrate!

562. ¡Postraos ante el Rey,
que Dios protege!
¡Postraos! ¡Postraos!

FELIPE, INQUISIDOR
A terra!

563. ¡A tierra!

El pueblo se arrodilla.

PUEBLO
Signor, di noi pietà!
Di noi pietà!

564. ¡Señor, ten piedad de nosotros!
¡Piedad de nosotros!

FELIPE
Gran Dio! Sia gloria a te!

565. ¡Gran Dios! ¡Gloria a ti!

PUEBLO
Signor!...

566. ¡Señor!....

CONDE DE LERMA
Evviva il Re!

567. ¡Viva el Rey!

Felipe y el Inquisidor caminan entre la gente arrodillada.

PUEBLO
Pietà!

568. ¡Piedad!

Acto Quinto

El Claustro de San Justo.
Es una noche de luna.
A la vista la tumba de Carlos V.
Entra Elizabeth y se arrodilla ante ella.

ELIZABETH

Tu che la vanità
conoscesti del mondo
e godi nell'avel
il riposo profondo
s'ancor si piange in cielo
piangi sul mio dolore,
e porta il pianto mio
al trono del Signor,
il pianto mio,
porta al trono del Signor.
Carlo qui verrà! Si!
Che parta e scordi omai.
A Posa di vegliar
sui giorni suoi giurai
Ei segui il suo destin
la gloria il traccerà.
Per me la mia giornata
a sera è giunta già!
Francia, nobile suol,
si caro a miei verd'anni!
Fontainbleau!
ver voi schiude il pensier I vanni.
Eterno giuro d'amor
là Dio, là me ascoltò,
e quest'eternità un giorno sol durò.
Tra voi vaghi giardin
di questa terra ibera,

569. Tú que conociste las vanidades
del mundo
disfrutas en la tumba
del reposo profundo
si todavía se llora en el cielo
llora por mi dolor,
y lleva mi llanto
al trono del Señor,
mi llanto
lleva al trono del Señor.
¡Carlo vendrá aquí! ¡Si!
Que parta y me olvide.
Yo juro velar
por los días de Posa
El sigue su destino
la gloria lo seguirá.
¡Para mí la jornada
ha llegado al ocaso!
¡Francia, noble tierra,
tan querida en mis verdes años!
¡Fontainbleau!
Hacia ti se abre mi pensamiento.
Eterno juramento de amor
allá Dios, allá me escuchó,
y esa eternidad solo un día duró.
Entre ustedes lindos jardines
de ésta tierra ibera,

ELIZABETH

se Carlo ancor dovrà
fermar I passi a sera
che le zolle, I ruscelli,
I fonti, I boschi,
I fior con le lor armonie
cantino il nostro amor.
Addio, addio, bei sogni d'or
illusion perduta!
Il nodo si spezzò,
la luce è fatta muta!
Addio, addio! Verd'anni ancor!
Cedendo al duol crudel,
il cor ha un sol desir:
la pace dell'avel!
Tu che la vanità... ah il pianto mio
reca a pie del Signor.

CARLO

E densa!

ELIZABETH

Un detto, un sol;
al ciel io raccomando
il pellegrin che parte
e poi sol vi domando
e l'obblio e la vita.

CARLO

Si, forte esser vogl'io
ma quando è infranto amore
pria della morte uccide.

ELIZABETH

No, pensate a Rodrigo.
Non è per folli idee,
ch'ei si sacrificò!

CARLO

Sulla terra Fiamminga
io vo'che a lui s'innalzi
sublime eccelso avel
qual mai ne ottenne un re
tanto nobil a bel.

(continuó)

si Carlo aún deberá
cerrar los pasos a la noche
que los pájaros,
las fuentes, los bosques,
y las flores con su armonía
canten nuestro amor.
¡Adiós, adiós, bellos sueños de oro
ilusión perdida!
¡El nudo ha sido cortado
la luz se apagó!
¡Adiós, adiós, verdes años!
¡Cediendo al cruel dolor,
el corazón tiene un solo deseo:
la paz de la tumba!
Tu que la vanidad...ah mi llanto
está a los pies el Señor.

570. ¡Es ella!

571. Una palabra, una sola;
al cielo yo encomiendo
el peregrino que parte
y después yo te pido
el olvido y la vida.

572. Sí, quiero ser fuerte
pero el amor mata cuando es roto
antes de la muerte.

573. ¡No, piensa en Rodrigo,
No fue por ideas locas,
que él se sacrificó!

574. Sobre la tierra Flamenca
quiero que se levante para él
una excelsa y sublime tumba
tan noble y bella
como ningún rey la ha tenido.

ELIZABETH

I flor del paradiso
a lui sorrideranno.

CARLO

Vago sonno m'arrise! Ei sparve
e nell'affanno un rogo appar a me
che spinge vampe al ciel.
Di sangue tinto un rio,
resi I campi un avel
un popolo che muor
e a me la man protende
siccome a Redentor,
nei di della sventura!
A lui n'andrò beato
se spento o vincitor
plauso o pianto m'avrò
dal tuo memore cor!

ELIZABETH

Si, l'eroismo è questo e
la sua sacra fiamma!
L'amor degno di noi
l'amor che I forti infiamma!
Ei fà dell'uomo un Dio!
Va, di più, non tardar!
Va, va, va, sali il Calvario e salva
un popolo che muor!

CARLO

Si, con la voce tua
quella gente m'appella...

ELIZABETH

Il popol salva!

CARLO

E se morrò per lei
la mia morte fia bella.

ELIZABETH

Va, di più non tardar...
e salva un...

575. Las flores del paraíso
a él le sonreirán.

576. ¡Un vago sueño me sonrío! Pero se
desvaneció y en mi agonía una hoguera
apareció lanzando llamas al cielo.
¡Un rio tinto en sangre
los campos como cementerio
un pueblo que muere
y extiende su mano hacia mi
como hacia el Redentor,
en el día de la desventura!
¡A ellos iré feliz
sea vencido o vencedor
tendré aplauso o llanto
de tu agradecido corazón!

577. ¡Si éste es el heroísmo y
su sagrada llama!
¡El amor digno de nosotros
el amor que inflama a los fuertes!
¡Él hace del hombre un Dios!
¡Vete no te tardes más!
¡Vete, vete, vete, sube al Calvario y salva
a un pueblo que muere!

578. Si, con tu voz
esa gente me llama...

579. ¡Salva al pueblo!

580. Y si muero por él
mi muerte será bella.

581. Vete, no tardes más...
y salva a un...

CARLO

La mia morte fia bella...

582. Mi muerte será bella...

ELIZABETH

...Popolo che muor!

583. ...¡Pueblo que muere!

CARLO

Ma pria di questo di
alcun poter uman
disgiunta non avria
la mia dalla tua man!
Ma vinto in si gran di
l'onor ha in me l'amore
impresa a questa par rinnova
e mente e core!
Non vedi Elisabetta!
Io ti stringo al mio sen,
nè mio virtù vacilla,
nè ad essa mancherò!
Or che tutto fini
e la man io ritiro
dalla tua man...
Tu piangi?

584. ¡Pero antes de ese día
ningún poder humano
separará ml mano
de la tuya!
¡Pero en éste gran día
el honor ha vencido al amor
y una empresa como ésta
renueva la mente y el corazón!
¿No ves Elizabeth?
¡Yo te estrecho a mi pecho
mí virtud no vacila,
y no desaparecerá!
Ahora que todo terminó
y la mano yo retiro
de tu mano...
¡Lloras?

ELIZABETH

Si piango, ma t'ammiro.
Il pianto gli è dell'alma
e veder tu lo puoi,
qual san pianto versar
le donne per gil eroi!
Ma lassù ci vedremo
in un mondo migliore,
dell'avvenir eterno
suonan per noi già l'ore;
e là noi troverem
stretti insiem nel Signor.
Il sospirato ben
che fugge in terra ognor!

585. Si lloro pero te admiro.
¡El llanto es el alma
y tú lo puedes ver,
como una mujer puede verter
su llanto por los héroes!
Pero arriba nos veremos
en un mundo mejor,
del fututo eterno
suenan para nosotros ya las horas,
y allá nosotros encontraremos
cercanos al mismo Señor.
¡El ansiado bien
que se nos ha escapado en la tierra!

ELIZABETH

In tal di che per noi
non avrà più domani...

586. En ese día que para nosotros
no tendrá mañana...

AMBOS
...Tutti I nomi scrodiam
degli affetti profani...

CARLO
Addio, mia madre!

ELIZABETH
Mio figlio, addio!

CARLO
Eterno addio!

ELIZABETH
Eterno addio!

AMBOS
Addio! Addio!

CARLO
Per sempre addio!

AMBOS
Per sempre addio!
Per sempre!

*Llega seguido por el Gran Inquisidor y oficiales de la Inquisición
Toman a la Reina por el brazo.*

FELIPE
Si per sempre!
Io voglio un doppio sacrifizio!
Il dover mio farò.

Ma voi?

INQUISIDOR
Il Santo Uffizzio il suo farà.

ELIZABETH
Ciel!

INQUISIDOR
Guardie!

587. ...Olvidaremos todos los nombres
de los afectos profanos...

588. ¡Adiós, madre mía!

589. ¡Hijo mío, adiós!

590. ¡Adiós eterno!

591. ¡Adiós eterno!

592. ¡Adiós! ¡Adiós!

593. ¡Adiós para siempre!

594. ¡Para siempre adiós!
¡Para siempre!

595. ¡Si, para siempre!
¡Yo quiero un doble sacrificio!
Cumpliré con mi deber.
Al Gran Inquisidor.
¿Y tú?

596. El Santo Oficio hará el suyo.

597. ¡Cielos!

A sus hombres.
598. ¡Guardias!

85

CARLO

Dio mi vendicherà!
Il tribunal di sangue
sua mano spezzerà!

599. ¡Dios me vengará!
¡El tribunal de sangre
su mano destroza!

Don Carlo, al defenderse se mueve hacia atrás hasta la tumba de Carlso V.
Se abren las puertas del claustro y aparece
Carlos V con su corona y sus ropajes reales.

CARLOS V

Il duolo della terra
nel chiostro ancor ci segue
solo del cor la guerra
in ciel si calmerà.

600. El duelo de la tierra
nos sigue en el claustro
la guerra del corazón
solo en el cielo se calmará.

INQUISIDOR

E la voce di Carlo!

601. ¡Es la voz de Carlos!

OFICIALES DE LA INQUISICION

E Carlo Quinto!

602. ¡Es Carlos Quinto!

FELIPE

Mio padre!

Aterrorizado.
603. ¡Mi padre!

ELIZABETH

Oh ciel!

604. ¡Oh, cielo!

La figura arrastra al aturdido Carlo dentro del claustro.

F I N

Biografía de Giuseppe Verdi

Giuseppe Verdi nació en el seno de una familia muy modesta, el 10 de Octubre de 1813 en una pequeña población llamada Le Roncole perteneciente al Ducado de Parma en el norte de Italia, en ese entonces bajo el dominio de Napoleón.

Verdi contó desde muy joven con la protección de Antonio Barezzi, un comerciante de Busseto, pueblo vecino a Le Roncole, quien creyó en el potencial musical del joven. Gracias a su apoyo, Verdi pudo desplazarse a Milán con la intención de ingresar como estudiante al Conservatorio cosa que no logró debido a obstáculos burocráticos.

Durante 18 meses de la educación musical de Verdi, en Milán, quien se desempeñó en forma brillante como estudiante.

Sin embargo, por recomendación de Antonio Barezzi, el maestro Vincenzo Lavigna se hizo cargo durante 18 meses de la educación musical de Verdi, en Milán, quien se desempeñó en forma brillante como estudiante.

El 4 de Mayo de 1836, Verdi y Margherita, hija de Antonio Barezzi contrajeron nupcias, ambos tenían 23 años. El 23 de Marzo de 1837, Margherita dio a luz una niña que fue bautizada con el nombre de Virginia Maria Luigia.

En 1836, Verdi fue nombrado Maestro de Música de Busseto y un año después, en Milán, estrenó su primera ópera Oberto Conte di San Bonifacio que resultó todo un éxito y le procuró un contrato con el Teatro alla Scala. El 11 de Julio de 1836 nació el segundo hijo de Margherita, lo llamaron Icilio, Romano, Carlo, Antonio.

En 1840, comenzaron las desgracias en la vida de Verdi, primero enfermó su hijo y falleció, pocos días después, la niña también enfermó gravemente y murió y por último en los primeros días de Junio, Margherita contrajo la encefalitis y también falleció.

Todo esto sumió a Verdi en una profunda depresión que estuvo a punto de hacerlo abandonar su carrera musical. En esos días Ricordi su editor, le mostró el libreto de *Nabucco* que le devolvió su interés por la composición.

El 9 de Marzo de 1842 Verdi estrenó *Nabucco* en el Teatro alla Scala, el estreno constituyó un gran éxito y fue su consagración como compositor.

Durante los ensayos de *Nabucco*, Verdi conoció a Giuseppina Strepponi la protagonista de la ópera, que se convirtió en su pareja y con quien se casó en 1859 y vivió con ella hasta 1897 año en que ella murió.

Verdi escribió un total de 27 óperas, una misa de *Requiem*, un *Te Deum*, el *Himno de las Naciones*, obras para piano, para flauta, y otras obras sacras.

Verdi dejó su cuantiosa fortuna para el establecimiento de una casa de reposo para músicos jubilados que llevaría por nombre La Casa Verdi, en Milán que es en donde se encuentra enterrado junto con Giuseppina.

Verdi falleció en Milán, de un derrame cerebral el 27 de Enero de 1901 a los 88 años de edad. Su entierro causó una gran conmoción popular y al paso del cortejo fúnebre el público entonó el coro de los esclavos de *Nabucco* "*Va pensiero sull ali dorate.*"

Óperas de Verdi

Aida	*La Battaglia di Legnano*
Alzira	*La Forza del Destino*
Attila	*La Traviata*
Don Carlo	*Luisa Miller*
Ernani	*Macbeth*
Falstaff	*Nabucco*
Giovanna D'Arco	*Oberto Conte di San Bonifacio*
I Due Foscari	*Otello*
I Lombardi	*Rigoletto*
I Masnadieri	*Simon Boccanegra*
I Vespri Siciliani	*Stiffelio*
Il Corsaro	*Un Ballo in Maschera*
Il Re Lear	*Un Giorno de Regno*
Il Trovatore	

Acerca de Estas Traducciones

El Dr. Eduardo Enrique Prado Alcalá nació en 1937 en el norte de México, estudió la carrera de medicina y se especializó en cáncer ginecológico y cáncer de mama.

Ejerció su carrera durante 40 años y finalmente llegó a la edad del retiro.

Desde la edad de 42 años, se hizo aficionado a la ópera y a la música clásica y formó parte de un grupo de amigos aficionados a estas disciplinas. Tuvo la oportunidad de asistir a funciones operísticas en la Ciudad de México, en Guadalajara México, en Toluca México, en Mazatlán México, en Seattle, en Madrid y en Londres. Organizó en la Ciudad de Mazatlán tres conciertos de música clásica, uno de ellos en la catedral.

Jugum Press y Ópera en Español

Prensa publica estas traducciones de ópera por Dr. E.Enrique Prado:

Vincenzo Bellini:
Norma

Georges Bizet:
Carmen

Gaetano Donizetti:
Anna Bolena, Don Pasquale, Lucia di Lammermoor,
Lucrezia Borgia

Ruggero Leoncavallo:
I Pagliacci

Pietro Mascagni:
Cavalleria Rusticana

Wolfgang Amadeus Mozart:
Die Zauberflöte, Don Giovanni, Le Nozze di Figaro

Giacomo Puccini:
La Boheme, La Fanciulla del West, Madama Butterfly, Manon Lescaut, Tosca
El Tríptico: Gianni Schicchi, Suor Angelica, Il Tabarro

Giacchino Rossini:
Il Barbiere Di Siviglia, La Cenerentola

Giuseppe Verdi:
Aida, Un Ballo in Maschera, Don Carlo, Ernani, Falstaff, La Forza del Destino,
I Lombardi, Macbeth, Nabucco, Otello, Rigoletto, Simon Boccanegra, La Traviata,
Il Trovatore

Para información y disponibilidad, por favor vea
www.operaenespanol.com
Correo: JugumPress@outlook.com
Síganos en Twitter: @jugumpress
Regístrate para nuestras noticias: http://eepurl.com/5m7tj